24 HUXIANG ARCHITECTS

Thoughts on contemporary Huxiang

陈翚 | 戴飞 | 胡骉 | 黄劲 | 蒋涤非 | 刘宏成 | 柳肃 | 卢健松
罗劲 | 毛姚增 | 谭正炎 | 王小保 | 魏春雨 | 巫纪光 | 向显军 | 徐峰
严钧 | 杨瑛 | 杨建觉 | 叶强 | 殷昆仑 | 袁朝晖 | 周湘华 | 曾益海

（注：按姓氏拼音顺序排名）

论湖湘建筑的思与辩

/ 湖湘当代建筑师：二十四人侧访

王蔚 高青 欧雄全 | 著

中国建筑工业出版社

作者

王蔚　高青　欧雄全

策划统筹

易锦田　罗朴之

艺术指导

许昊皓

摄影

涂宇浩

学术策划

湖南大学建筑学院
清华大学《住区》杂志社
《中国建筑教育》杂志社
凡益工作室

特别支持

湖南省建筑师学会
湖南省建筑科学研究院
长沙市科学技术协会
《中外建筑》杂志

序

几千年来，拥有优越山水环境的湖南曾经孕育出独特的地域文化，人称"湖湘文化"。湖湘人生性刚强，血气方刚，甚至带有几分霸蛮，同时又受到古代哲人朱熹以岳麓书院等历史文化传播的熏陶，"惟楚有才，于斯为盛"。我曾经熟读毛泽东的不朽诗作《沁园春 长沙》，并深为其青年时代"独立寒秋"的深思、风华正茂的雄才抱负钦佩不已。论及"湖湘文化"，最为人所称道和熟知是独领风骚的湖湘学术，如一代又一代的湖湘伟人以及他们"敢为天下先"的湖湘精神。其实，遍布湖南大地的建筑中也同样闪烁着湖湘文化灵动的华彩。从自上古延续至今的干栏式建筑到明清时期府第式、庄园式和街衢式建筑，历经数千年的风雨，尽显湖湘人士浪漫的建筑情怀与天地和谐的人文理想，同时也深深融进了湖湘人民的无数生活细节。在漫长的岁月里，湖湘建筑作为一种文化载体，以一种潜移默化的方式，与湖湘大地上的伟人名仕一道，影响着湖湘儿女的价值取向与人文素养，是湖湘文化不可或缺的重要部分，在当今的全球化和文化多元的时代尤其值得呵护。

"一方水土养一方人"，湖湘文化也滋养出本土在地的建筑师群体及其建筑创作，湖湘建筑师群体在长期的建筑创作实践探索过程中逐渐形成了自己独特的建筑"方言"，建构了自己的建筑"文化"。心忧天下、敢为人先、百折不挠、兼收并蓄是湖湘文化及精华之所在，也是受这种文化和精神熏陶下的湖湘建筑师独特的群体特征。湖湘文化中实物和精神的传承能够赋予建筑独特而深厚的文化特质，只有将湖湘文化进行提炼、调整、加工、创新，方能创造出有文化内涵的新时代湖湘建筑。

今天，我们已经进入信息时代，湖湘建筑师群体也逐渐走进了公众的视野，涌现了像魏春雨、杨瑛、蒋涤非等一大批优秀的中青年建筑师，他们潜心于设计，热衷于实践，深谙湖湘文化之精髓，憧憬谋划着湖湘建筑之未来，是湖湘建筑师群体的中坚力量。在曾经的快速城市化进程中，他们如何在建筑设计遭遇空前的面广量大、学商难辨、大浪淘沙的世界里，平衡好精神与物质、理想与现实、专业与市场以及本土化与工业化的关系，就成为人们所好奇和关注的问题。《论湘湘建筑的思与辩／湖湘当代建筑师：二十四人侧访》通过深度访谈和作品解析，集中表达了这些湖湘建筑师的思想观点，既聚焦于其实践创作，贯穿着湖湘建筑的思与辩，又充满了他们对建筑与人、建筑与文化、建筑与环境、建筑与建筑这些问题的思辨，让湖湘建筑师群体自己演绎了湖湘文化与精神及其在建筑创作中的诠释。建筑师有自己的思想价值，有自己的设计语言，也有自己定位追求，但共有的是为人们创造美好的生活空间的初心。建筑是一门实践的科学，愿湖湘建筑师能在坚守本土文化、坚持在地建筑创作的同时，持续传承创新，这不仅仅存在于文字和诠释的字里行间，更存在于三湘四水、砖墙青瓦和未来的湖湘人居环境"美好生活"的营造之中。

是为序！

中国工程院院士
东南大学城市设计研究所所长
东南大学建筑学院教授

2017 年 12 月

目录

引言

2011年9月在东京召开的国际建筑师协会（UIA）第24届世界建筑师大会，东京六本木之丘的森美术馆举办了"新陈代谢"未来都市展。展览介绍了日本新陈代谢学派在二战后日本重建及当前城市建设中的相关活动，展示其对未来都市的美好畅想，同时也对未来城市规划和发展实践有着重要启示和借鉴意义。新陈代谢学派的丹下健三、黑川纪章、菊竹清训、桢文彦等一批对日本建筑学史有着相当重要地位的建筑师，重新诠释了日本传统，理顺了传统文化与现代及未来技术之间的关系，特意强化了建筑在"意"或者说"神"上应达到传统的境界，有效地解决了现代与传统的传承关系，对日本的后辈建筑师产生了重大影响，对日本的现代建筑与文化有着不可估量的贡献。这些建筑师更是超越了自身的职业范畴，突破了对本土文化的传统认识，通过建筑艺术实现了对于本土文化的当代诠释。

湖湘文化作为中华文化的重要组成部分，有着自身鲜明的特色和独特地位。湖南居住着四十多个民族，多民族文化的长期相互影响和交融，塑造了湖湘多元、鲜活的文化特征，同时湖南人天然地继承了强韧、奋进的血统与习性。湖湘文化包括哲学、文学、艺术等诸多方面，在经济全球化、文化多元化的时代背景下，正需要大力弘扬湖湘文化优秀传统，同时也应该将湖湘文化的基本精神化为具体的存在方式。在这一背景下，湖湘的建筑师群体自然肩负着历史责任及使命，在自己生活的土地上，一笔一画描绘着湖湘文化，一言一行诠释着湖湘精神。

不同文化地域滋养出来的建筑师，必然滋养出不同的创作思想，而这种创作思想必然会适宜于地域的建筑创作。作为部分湖湘当代建筑师成长的见证者，当代湖湘建筑师作为一种湖湘文化体系的一部分，在形成和发展过程中必然受到独特的湖湘自然环境、人文环境和历史环境的影响，逐渐形成了自己的建筑"方言"、"骆驼"精神、"谦让"精神、"苦干"精神、"霸蛮"精神等等。而在当今信息大爆炸的时代，当每一位湖湘建筑师都被令人眩目的信息碎片凶猛地冲击时，无数的创作欲望和压力从这些信息碎片的缝隙里喷洒出来，让他们挣扎于自己的内心，纠结于建筑与人、建筑与环境、建筑与文化、人与人、建筑与建筑之间，而他们在创作时候却又都会留存一点属于自己的"设计幽默"。建筑创作本质就是不断尝试冒险，所以建筑师自身的思想对于其创作至关重要，这样才能使每个作品都会给人不同程度的惊喜，思想的火花相较于形式的绚丽更让人不断求索，欲罢不能。本访谈录通过对一批新中国成立后从事建筑创作、研究、教育的湖湘建筑师与学者的访谈，期望从中积极挖掘出当代湖湘建筑师的创作、研究、教育的特点，为湖湘建筑师群体未来的创作之路留下一些思考！

01 建筑创作侧访

魏春雨 |

"这些年来地方工作室一直在寻找一个支点，一个可以称之为'地方'的支点。"

湖南大学建筑学院院长、教授、博士生导师，东南大学建筑设计及其理论博士，地方工作室主持建筑师。主要兼职：中国建筑学会第十二届理事会理事、全国高等学校建筑学学科专业指导委员会委员、湖南省设计艺术家协会主席

曾获：中国建筑学会建国60周年建筑创作大奖两项、中国建筑学会中国当代百名建筑师、中国建筑学会建筑教育奖

曾参与国际展览：2011超轻村·岩排溪村，深圳·香港城市＼建筑双城双年展，中国深圳

2012中国馆·异化，第13届威尼斯国际建筑双年展，威尼斯

中国书院博物馆
注：WCY 地方工作室提供

Q_魏老师，您好！很高兴您能接受凡益工作室的访谈。魏老师，您既是一位我们湖湘享有声誉的建筑学者、教育家，同时也是国内知名建筑大师，所以我们想先请您谈一谈建筑与创作这个话题。我们知道习主席在中央文艺座谈会上说过，不要搞奇奇怪怪的建筑，这是首次由最高国家领导人来提出关于建筑设计方面的问题，在这种语境下许多有影响力的建筑大师的作品被人有所提及和研讨，那么回到建筑学的原点，您认为建筑的目的是什么？

A_建筑的目的是服务于生活，从建筑学来说，这是一门非常古老的学科，是伴随着人类文明发展的进程发展的，从有人类文明的开始，建筑学已经在发展。但是，随着人类生产水平提高，文明的进一步发展，有时候人们包括我们建筑师都已经忘却了建筑是为了服务于生活这个目的，社会对建筑的认知，政治上、经济上、文化上往往附加了太多其他意义，往往要表达财富，要表达文化，或者政治理念。

Q_建筑随着时代的变化，似乎也会有所变化，现代的建筑从形式上已经与传统有很大差异了。那么对于建筑的认知，是否也会随着时代有所异化呢？

A_建筑的本体是在异化，但是这个异化是不可避免的，我们现代的建筑往往已经不是为了服务于生活，人们更多的是聚焦于宗教建筑或者文化类的。从古希腊的人本主义，从众神回归到人本，文艺复兴时期，也是重新找回人的尊严，到了现代主义的大师们要颠覆完全封闭古典主义的时候，还是从生产力与人的生活入手，比如柯布西耶就讲住房不过是人生活的一个容器。

Q_就像很多建筑师所提及过的，建筑来源于生活。

A_人从建筑的本质跨越一步的时候，都是与人的生活关联起的时候，而把建筑所附加的意义给予剥离，但是这是一个悖论，因为当你剥离了旧的意义，却又有了新的意义叠加上来，不断地交替往前推进。

Q_建筑关乎于社会，关乎于文明，也关乎社会的进程，同时建筑也是具有象征的意义，这些象征的意义是无法衡量的，是抽象的，有许多元素亦是如此。

A_到底建筑是以本体论为主，还是以建筑的象征或者是隐喻的或者是文化的层面来讲。我只是简单的把这些罗列出来，其实很难分辨是本体论还是现象或者文化论的区别。最好的建筑一定是由内而外的，我们把各种文化、政治等一些符号化的东西抛开以后，其实建筑还是由材料、空间、光等来组成。

Q_似乎在古典建筑中，总会出现一些用像光线、日光、景色这些无法衡量的东西来象征和隐喻一些精神层面的东西。

A_古典建筑，你永远推不翻它，因为它是探究了人文科技的观点，在人类早期的文明时代，是对于高的东西的精神向度的一种崇拜。所以我们设计教堂是用高的角度，我们设计庙宇也是尽量往高的空间去设计，所以是有一个高的向度与空间。比如像万神庙，其他地方都是黑的，只有上面一束光下来，这是对光的应用。当然在我们生活中，我们的采光都是建筑很本体的。最有效的手段，往往是最自然的手段。

Q_那么，谈谈您的创作体会吧。您是怎样把这些元素融入到您的建筑设计中？

A_我在湖南做设计很多年，有时候，真正在做设计的时候，我们是不太具备一线城市的建筑材料与技术手段。大家知道建筑是一个产业链，没办法像我们做数学一样，就几张纸几支笔就可以了。我的办法就是索性回归到本体论去，去寻找最根本的东西，寻找能代表湖南特质的材质肌理。

Q_ 您在创作中找到了这种代表湖南特质的东西吗？

A_ 我做过一系列水刷石的建筑系列，直接采用的是湘江里的石子，因为我们用了这种质感的材料之后，对光产生漫反射，它就像变色龙一样，它在一天中随着光线的变化，水刷石的颜色，质感给你的感觉也随着变化。所以，我只是搬运工，我没有刻意地做设计，我把原来在河里的沙石，我把它用在了建筑上，用了很多年，只是这些年这样的方法已经失传了，现在习惯于使用一些人工的材料。我也并没有做什么，我只是把水刷石搬到建筑上，光线才是更加高明的建筑师，它去塑造这个形体空间。

Q_ 这个是地域的材料运用，肌理特质的表达。在空间上呢？是否汲取了湖南本地的传统建筑的某些精华？

A_ 湖南有很多民居，根据我对这些民居的研究，我的观点跟一般的保护角度不太一样。随着时间的推移，建筑功能的变化，功能变异了，原来的民居确实无法适应现代的生活，在很多层面上讲都是这样，但是原来民居存在就一定有在地性与适应性。它的气候，它的建造逻辑，我取一个类型学的观点，空间基因。比如，湘西有一种吞口屋，它不是做一个雨棚，而是房子凹一个口，作用是遮风避雨，平时还可以交往，还可以坐在门槛上。所以，我做设计就很喜欢设计成吞口的形象，很少做雨棚。因为湘西当地气候潮湿，还有安全问题，他们就把晒谷子

湖南大学建筑学院与法学院大楼
注：WCY 地方工作室提供

晾晒食物搬到楼上去，我取名为空中边庭，就是靠边有一个这样的庭院，我在很多设计中也用了这个空间基因，它虽然不是住宅，但是这种空间基因是一样的。所以，又说明了我只是一个搬运工。

Q_那是否可以认为建筑师的创作其实很大程度上是一种对于传统，对于环境的解读与整合，而并非都是一拍脑袋的凭空想象？

A_建筑设计很多层面上来说不是发明创造，建筑设计师他只是整合一些传统的记忆，去自然界中发现一些东西去拿过来用，所以，我们也得不了什么国家自然科学发明奖。我们这个专业很吃亏，我们国家科研评价体系在建筑学上基本上是没有的，可是建筑也不需要人人都来发明创造，而是我们怎样运用这些大自然的馈赠。

Q_刚才您提到过，您很善于运用水刷石在您的建筑设计作品中，那是不是水刷石就代表了湖湘建筑的特色？您觉得如何将建筑与地貌很好地融入进建筑设计之中呢？除了在建筑材料的运用，还有什么其他的方式？

A_水刷石是否很好地代表了湖湘建筑，这个我不敢讲。我只能说这些年，我做设计会关注一个问题，就是新地域主义。

Q_怎么理解这个新地域主义？

A_地域与新地域还是有一些差别，所谓新地域，是广义的概念，其中有很多大师看上去与现代不搭界，但实际上，理念是非常现代的，他们绝对不会照搬或者克隆一些建筑，但是他们不拒绝现代的材料，也不拒绝传统材料，有机的混搭，嫁接。水刷石在20世纪五六十年代，我们国家用的比较多，后来觉得这些材料太土了，但是这些年豆腐做成了肉价钱，因为这些年人工也贵了。但是我信奉一点，我不喜欢用人工合成的材料，我就喜欢用自然的。

Q_那么您认为在湖湘本地的建筑创作中，我们应该如何将湖湘的地域材料融合在您的建筑设计当中呢？

A_湖南民居我看过很多，最主要的材料有两种，一种是土坯的并含有沙石，因为没有沙石的话，这个土是没有强度的，水一冲就散掉了，另外呢就是木结构的东西，这两种材料在我们传统的民居是挺多的，这不像北方，北方大量的是砖，我们也有自然石的，这些材料有特定的做法。我不太可能在设计现代建筑的时候还去搬了，我想在表皮肌理上，我只需要在地性的，就像旧酒装新瓶，这都没有关系。新地域主义就是，用现代的理念同时可以嫁接传统的材料与技术。

Q_现在很多人评论建筑都喜欢谈风格，您认为我们的湖湘建筑风格究竟是什么呢？

A 我觉得我们做设计有一点要注意，就是千万不要做湖湘风格的。什么叫湖湘风格？我觉得这是个伪命题，你只要在当地做了，运用了当地的空间肌理，并运用当地的空间基因就足够了。我从来没有要代表湖湘学派，我也从来不去提，而且我觉得湖湘建筑的风格，你不要把它特定化、符号化。我甚至有一个观点就是，你不要想着整体的继承某个风格，整体的去传承某种风格，你只要做一点小片段，你只要在你的设计中有一个小片段，可以是一个空间，也可以是你的运用的材料，足以。片段多了，就自然形成了风格语言。

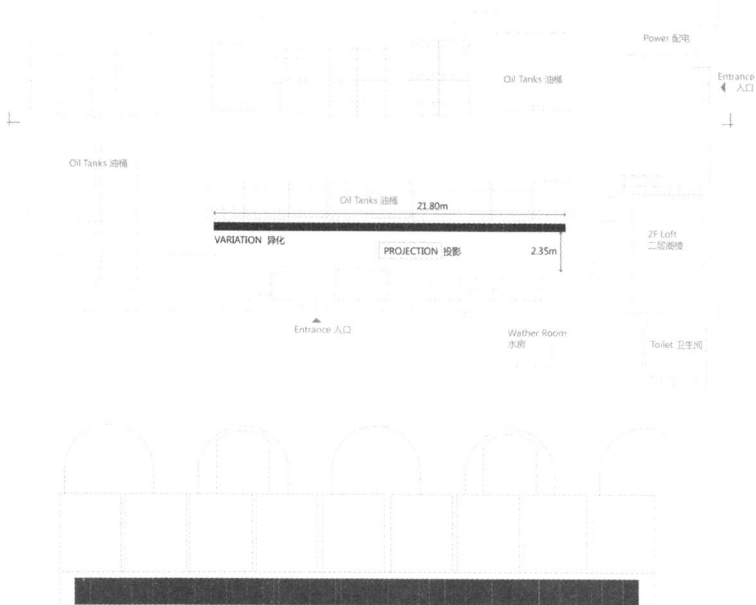

Power 配电

Oil Tanks 油桶

Entrance
◀ 入口

Oil Tanks 油桶

Oil Tanks 油桶   21.80m

VARIATION 异化

2F Loft
二层阁楼

PROJECTION 投影   2.35m

Entrance 入口

Wather Room
水房

Toilet 卫生间

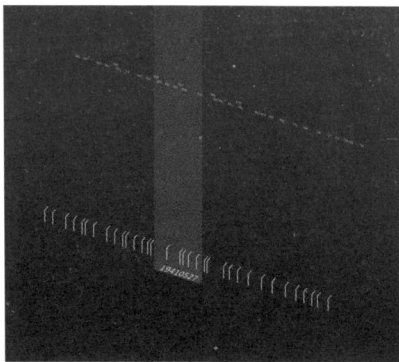

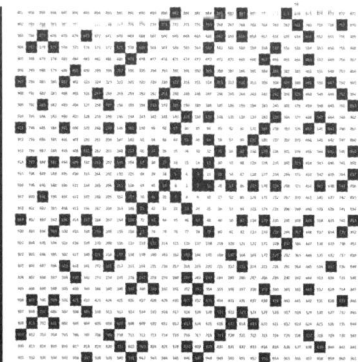

第13届威尼斯国际建筑双年展
2012中国馆·异化
注：WCY地方工作室提供

Q_翻看您简历，发现魏老师您早年曾做过室内设计。您从室内设计转到了建筑设计，您有什么体会可以分享的，对您后来的建筑创作有影响吗？

A_室内设计在高峰期的时候，是在早二三十年前，哪个时候没有建筑设计，没有项目给我们做。改革开放之初，确实接触很多餐厅、娱乐城、银行门面的室内设计。那段时期，对我来说还是很受益的，因为我对材料，细腻的尺度，比原来没有这样的经历要更加深入一些。但是，不能陷到所谓装修设计，室内设计跟装修设计实际上是有差别的，我只能说我原来做的是装修，你做多了之后，商业模式，商业材料都有很大的惯性。做装修做久了，你出手会很快，但是非常的套路化，商业化，所以后来我就戛然而止，又回归到建筑设计。

Q_室内设计和建筑设计有什么不一样的地方？还有装修，它们之间最大的区别是什么？您在实际工程项目中是如何来处理它们之间的关系的？

A_严格意义上来说室内设计是建筑设计的一部分。现在我做的学术类的项目，我能把控的室内设计是我建筑设计的一部分，这是我可以做到的。但是有商业综合体，就是严重切分开来，你就请的是商业装修的去做。所以，现在我觉要把这两个严格地分开，室内设计是我建筑设计师的事情，装修设计是做商业装修的他们的事情。我在教学中，我会时刻提醒我的团队，包括我自己，要学会做减法，你脑子里不能够有装修的概念，一出现就要赶紧摒弃掉。所以有早年做室内设计的经历，对我而言我会反其道而行之，我做设计的时候我会尽量回避开装修的痕迹，就像我很多项目就尽量的让它一体化。

Q_魏老师您作为高校的建筑教育家，也同时从事了大量的建筑创作工作，可以说您经历过建筑设计发展的黄金十年，您觉得这十年间遇到的机遇与挑战是什么？

A_我们作为学院派的建筑师，经历了不止十年的黄金发展时代。这段时间，我自己觉得中国建筑是呈现出野蛮性的增长的这样的一个状态，我们当然裹挟其中。我们不比职业建筑师，就是在设计院的，我们是没有产值的压力，在心理上，我有一种暗示就是，我不靠做设计吃饭，我是教书先生，这样就是在裹挟之中，还能保持相对的独立性，这点对我来说是至关重要的事情，否则的话大家都被市场裹挟着，很难把持住自己。我自己看到的，我原来带的很多学生，在学校非常有钻研精神，有要做成学术派的建筑师，但是出了学校就销声匿迹了，是因为这个市场实在太强大了。

Q_在这个十年，除了做设计，您同时也作为湖湘建筑界领军人物代表建筑湘军征战过许多地方如威尼斯建筑双年展、深港双年展等等大型建筑展以及各种国际竞标，您能分享一下您对于学术和国际交流的体会吗？

A_总的来说，回顾这十几年，我们做的量比较大，这种机遇毋庸置疑，给我们带来很多的实践机会，我有时候出去搞学术交流，我把我的作品拿出来放到学术圈子里，包括职业建筑师他们都会诧异我怎么做了这么多。我自己也吃惊，做了这么多，因为多，好处是我们有相当丰富的经验积累，当然也有问题，就是当我们有多余时间，我们能自己冷静下来，精雕细琢那么一个设计，但是资金允不允许，业主允

长沙市李自建美术馆、湖南湘江新区规划展示馆

注：李应军摄

不允许让我这样做。如果说挑战是一种自我挑战，是我们自己审视自己，我们想关注学术类的项目，美术馆，博物馆，甚至很小的装置，我们参加深港建筑双年展，这就不是一个简单的建筑的生产线，当然这几年能够代表湖南跟国际国内高端的学界的交流切磋。说明某种情况下，这些年我们是可以走到一线的。

Q_湖南作为一个非一线地区，是否有限制和制约的地方？

A_某种程度上来讲，我们湖南并不在一线，但是有时候一线的会羡慕我们，比如北京上海，本身是过于国际化的，各种思潮都在，你要保持一个可识别的自我是一件很难的事情，比如一会做云南，一会做东北，这对职业建筑师来说，他的成体系化的语境是很难建立起来的，而我们一直在湖南，虽然你也没有条件做太高大上的项目，那我们就做有本土识别性的东西，你做了二十年，你也会形成独特的信息符号，别人看到就会知道，这是你做的，没有刻意的追求。机遇与挑战，就是制约与有利，制约也是把双刃剑，我们虽然没有一线城市的量与条件，但是我们做下来也是可以与国际国内的一线城市对话，大家反倒还会认可你，因为我们不会飘移。

Q_魏老师，您作为湖湘建筑界的"黄埔军校"湖南大学建筑学院的掌门人，培养了一批又一批优秀的建筑设计师，您觉得作为成熟的建筑设计师应该具备哪些特质与条件呢？

A_我不敢说我培养了很多成熟的建筑设计师，在大学里面只是他们的一个社会认知，专业积累的初级阶段，但是这个过程是非常重要的，因为这是一个塑形的过程，这个模子定出来是什么样子，将来就会往这一方面发展。作为职业建筑师必要的素质特别多，我作为老师，也作为一个建筑师，我会特别看重一点，就是他的社会价值观与认知观。设计只是一个技术手段，是他的一种自我价值呈现，如果他有很好的设计技巧，但是他的认知观、价值观比较漂移，他对社会的危害反而会更大。所以，作为一个成熟的建筑师，他的工作决定了他极具社会性，他不能一味的给自己造房子，他一定要对于公众负责。

Q_社会责任感是最重要的？

A_一个特别强烈的对社会的责任感，可以说是作为一个成熟的建筑师的第一甚至说是唯一的条件，一定要有非常强烈的社会责任感，如果你没有这一点的话，你就去做商业建筑师，只是想着做产值做利润，至于是不是造成社会财富的浪费，你没有社会责任感，你只给富人造房子。可能这个建筑师对社会产生的是副作用。

Q_建筑师对于建筑总会有自己独特的认知和情感。当您看到一栋建筑的时候，您会产生哪些情绪，或者说哪一些部分您会看到很生气，哪一些部分您会看到很高兴？

A_作为一个职业建筑师，这一辈子就研究建筑，其实有时候挺痛苦的，因为你走出去会有一个职业本能，到处看，内心要评判。我想更多的是，内心会产生负面情绪，这很遗憾，我怎么就这样做，建筑师多多少少都会有完美主义的情结，这有个过程，需要慢慢地习惯。但是，我们建筑师也有狭隘的一面，觉得不符合专业精神，不符合专业设计，也许有他的社会合理性。

长沙市天心阁文物交易中心
注：WCY 地方工作室提供

Q_ 这里就存在建筑师对于建筑的认知与社会对于建筑的认知的差异性。您是怎么来看待这种社会的认知?

A_ 社会是一个循序渐进的过程,只是对我们当下来讲,城市对于建筑的推动是特别强大的,让我觉得建筑师是非常渺小的。这个强大是政治的,资本的推动力,比我们要强。整个社会对建筑的认知,中国跟国际社会是有很大的差距的。社会的认知,政治的包括大众审美的,导致很多建筑被拆掉了,这种悲剧我们想要不再发生的话,就是要很小心地对待我们的城市,一砖一瓦都要善待它。无关于专业问题,建筑师实际上很渺小,我希望的是对于城市的建设的认识会越来越深刻,不再浮躁,我想我们就能够更少的纠结了。

Q_ 在未来,您想如何在设计上继续前行,或在这个多元化的社会定义自己的角色?

A_ 其实做设计一定会有一个过程,我也追逐一些流行,我也做过一些所谓社会流行的符合潮流价值观的东西,但是有时候在学术上交流的时候,你确实不敢拿出来,尽管业主、领导很认可,可是我不能拿出来。我拿出来的,反倒是土得掉渣的,不符合思潮的东西。这是有一种自我定义的关系,随着年龄与阅历的增长,我还是希望能够把自己已经积累的跟本土有关联的,比如材料肌理,空间基因,也就是建筑本土在地性,继续把它做下去。我现在很多建成的项目,也可以看出可识别性是有了,某种程度上,这是一个不高的评价。

Q_ 建筑师作品的符号化或者标签化似乎是无法避免的事情。

A_ 大千世界,这么多以商业功能的或者以流行文化主导的，在各种风潮引领下，因为是传媒时代，大家都是被各种信息牵引，有时候你很难把持住，有时候你很难清醒地认识到这一点，我说我从来不刻意做湖湘建筑，也不刻意做我自己的符号，一切顺乎它的适应特征，它的材料肌理。

Q_ 今后建筑师如何跳出现有的框架，建筑师怎样承担社会责任并进行创新创造？

A_ 我是这么看的，应该是两面的对待，有些时候，商业文化不是简单的贴上低俗的标签，有些它的原动力，这个不是我们建筑师就一味的排斥，甚至有些我们建筑设计师还驾驭不了，比如像一些大的商业综合体，很密切的 TOD 模式，与轨道交通无缝对接，其技术含量是很高的，有商业文化的逻辑在。流行与付钱，也不能简单化的套，这就是一些大的设计院建筑师的工作，需要一个团队体系化的工作，对于我们学院派的建筑师，更加关注的是内在的深层次的，比如是精神层次更渴望的，触碰内心最柔软的部分，不一定能做得到，但这是作为学院派的建筑师我们的职责。而正如你说的，这一部分被覆盖得太多，被冲击得太多，商业大潮各种流行文化，就包括你所看到的明星建筑师，我个人觉得很可能只是昙花一现，他只是各方面点踩得特别好，符合现代的思潮各种流行审美，建筑要顺应社会，在某些方面可以引领或者推动一些城市的发展。

Q_ 但似乎目前的社会背景，给予建筑师去有内涵的建筑的机会确实比较少。

A_ 就目前来说，似乎文化类有内涵的建筑，不如有商业的建筑，现在是独立财政都想做大的、标识性、

张家界博物馆
注：WCY 地方工作室提供

政绩的，城市不是一种自然增长的模式，而是一种野蛮增长的模式，这种情况下，我们作为学院派的建筑师，生产包括公共接受度的空间就被挤压的特别窄。我在有限的条件下，做一个有尊严的建筑设计师，我有社会责任感的体现，呈现给社会的是有正能量的社会价值的，而不是一味的符合流行思潮潮流。

Q_"城市绘本"作为一种新型的文化与传播模式，可以被应用于城市文化遗产的研究之中，城市的研究成果可以通过绘本的形式来将进行表达与大众传播。国内外逐渐出现了一些优秀的绘本作家，他们大部分都是建筑师、设计师跨界的行为，创作手法各异，形式多样，您是怎么看待这些现象的？对于城市老街区、老建筑的保护有积极影响吗？

A_我觉得建筑师做的绘本项目视角很独特，因为这是老课题包括传统历史街区的保护，我也参加很多这样课题的评审，一般而言是一种失策，修旧如旧把它恢复，但是一般恢复以后的老街装进去的内容不太一样，就属于旧瓶装了新酒，但是全中国都是一样的，都是一些旅游纪念品，一些餐馆，一般营运状态也不是太好，太平街也是有这个情况的。到底是让建筑师做一个壳，还是让这个建筑有生命力？建筑师应该抓到一点，建筑也好，街道也好，它是一个载体，真正要它鲜活起来，要让它有真实生活场景的注入。

Q_这次凡益工作室也做了长沙太平街绘本的项目，就是想通过绘本的手法来还原和诠释太平街的生活。

A_我觉得这个做法特别学术，不是建筑师加了一些文学的艺术想象，其实是一种活的一个办法。找到太平街的源头，特别强调不是简单的实测，有些东西是某种意象，是一种延展，而且记录一些生活场景或者还原一些生活场景。比如戏台以故事的线索展开，这个倒是活色生香，使太平街活起来，而且这样的传播力度更大，因为跟我们的生活很接近。

Q_城市的生活得到了延续和新生，而不仅仅是一种博物馆式的保护了。最后一个问题，这种对于传统生活的尊重，是否可以理解为一种"活"的保护方式？

A_就像我们湖大的岳麓书院，全中国这么多书院，只有湖大岳麓书院保护得特别好，这个保护不是说我们去修缮了里面的房子，它叫做活的书院，因为现在还在进行教学活动，就是把原来整个的古书院的一套形式，是一套整个活的传承下来，不是一个躯壳，这就是岳麓书院的影响力所在。同理，这次做这个太平街，真正的在关注传统的生活业态，怎么跟有机更新也好，或者是跟现在生活嫁接，让到这里来的人，是一种体验的感受，他能够看，能触摸，他能够用，我觉得是非常好的。

Q_您最近在洋湖地区创作设计的谢子龙影像艺术中心又受到了普罗大众和媒体的广泛关注，您能否聊一聊创作设计的过程。

A_关于谢子龙影像艺术中心的设计中间我们有几次自我否定。在完成了李自健老师的美术馆之后，紧接着我们就做谢子龙影像艺术中心。但做的过程中因为它是两个形体的碰撞，所以我自己在找所谓光影跟建筑的关系。我们都知道建筑是凝固的音乐这个说法，但在这次艺术中心的设计中，我一直追求能不能把建筑做成一个流动的光影，或者说我们这

湖南省长沙市田汉文化园
注：WCY 地方工作室提供

个艺术中心里我们能做一个光影的容器,它能够像一个艺术方舟停在我们的洋湖湿地包括湘江的江畔。在这个星期做出来之后还是有些争议,大家可能认为这个艺术中心形体是不是过于简单或者说这个艺术中心极致的理性它内在的逻辑是什么?它的立面生成有两个。第一是我们的入口处;一束光打下来在形体上形成一个拗口,大家能够看到通过一些步道的引入,在进入影像艺术中心的时候,我们多多少少刻意塑造了某种艺术的神性。第二整个立方体是由两个三角形合体而成,所以中间我们可以感知到一条光的峡谷,那其实就是我们在抓这个光与影在影像艺术中心的契合,在这个影像艺术中心我们把它叫做光影的容器。同时在影像艺术中心的设计中,其实还有很重要的一件事情,就是你如何处理好所谓的展示,跟洋湖公园公众的游园行为的关系,所以我们在处理的时候,实际上动线做得非常丰富的。我们从一个缓坡经过一个水庭看到影像艺术中心的一个光投影下来的,把它固化的一个出入口,但同时我们可以看到一个很优雅的坡道,把人引向湿地引向水边,那么这个部分又可以形成影像艺术中心他对公众服务的一个导入的入口,在这个导入口中,我们又做了一些水庭,他跟真实的洋湖湿地的水面形成一种水天一色无缝对接的关系,我们就完成了一个所谓的光影的容器。这个建筑它跟环境的场所关系是高度契合的,但同时又极具某种光影艺术的神秘性,所以通过谢子龙影像艺术中心,我作为建筑师,希望为湖南为长沙奉献一个殿堂级艺术的大家的客厅。

湖南省长沙市田汉文化园
注：WCY 地方工作室提供

长沙市谢子龙影像艺术中心
注：许昊皓摄

杨瑛 |

"兴趣所致，心性所致，致清致和，致高致远"

中国工程勘察设计大师，湖南省建筑设计院总建筑师，长沙理工大学建筑学院院长，博士，教授级高级建筑师，国家一级注册建筑师，湖南省建筑师学会理事长、湖南省土木建筑学会副理事长、湖南省设计艺术家协会副主席，当代中国百名建筑师，湖南省建筑设计领军人物。

Q_杨总，您好！很高兴今天能请您聊一聊跟建筑相关的话题。首先要祝贺您评上国家工程勘察设计大师，尤其是成为了我们湖湘建筑界的第一位国家工程勘察设计大师，这对您来说会产生什么样的影响？您是否会觉得在湖湘的建筑圈内将会肩负着更大的使命？

A_谢谢你的祝贺，你的问话是个比较凝重的话题，其实我没有那么多的使命意识，没有太多不同往常的感觉，可能开始的时候激动了一下，建筑学本来就是个千头万绪又有着独特个性与尊严的学科，湖湘建筑圈也不外乎此，它的发展需要全体建筑师的共同努力，从广泛的角度和宽广的视野去寻求建筑学的真理，每位建筑师都肩负着发展和完善建筑学领域的使命，我也不例外。

Q_ 因为国家工程勘察设计大师也是有六年没有评了，杨总您这次获评也算是具有里程碑式的意义了。

A_也许是这个事的关注度比较高，大家的希望值也比较高，其实对我个人来说，还是平常的一件事。就像你那个时候，没有念博士的时候，你觉得那个东西是一回事，但是你一读完博士你就觉得那个东西什么都不是，它可能就只是人生阶段的一个标志。当然，这次获评对我将来的建筑设计新开启是有一定的鼓励作用，我的工作量可能也会要增加一些。但是，对于设计创作来讲，没有什么里程碑式的东西，它只是一个阶段性的总结而已，可能会让我更加安心一点，潜心一点做东西，心态比以前更加轻松，这种自由自在，散而不漫设计状态，对于设计和压力的释放都会处于一种合适的状态。至于像你说会有什么里程碑式的意义，我觉得言重了，没有那么高大上。

Q_您觉得作为建筑师自己处于一种什么样的状态是比较理想的，或者说是您自己一直想追求的？

A_我就想做一个纯粹的、沉静的、安静的建筑师，心境澄明，宁静致远，借我的心性引领我的设计去洞穿和探求世界本原。我很少接受采访，也很少参加评审会议等活动，我想我现在还不足以有这种精力、这种空闲的时间去执行探索性的社会活动，并处于那种比较高的姿态下来做设计，这也是我无法承受的重负。其实人都有表现欲望，但如何调控这种欲望而不至于被欲望控制，你说要拿捏得很准，这也很有难度。所以我自己评价，在这些社会性活动方面自己是相当不够积极的，比较怠慢的。建筑师要靠作品说话，你无须过度的宣扬一些东西，很多状态是桃李不言下自成蹊，它会静静的提示你、告诉你现在的状况是什么，将来能够做出什么，未来能够达到什么。尽管事态都会有很多不明确的非规律性的方向，我所要做的就是追求这样的境界：在貌似无序无为的状态中寻求有为的源头，在貌似固化的真实中寻求不确定的边缘，在貌似模糊化的文化系统种寻求独特的灵慧，致清致和，致高致远。这也是我一直在做，今后也不会放弃去做的事情，比较合我的情缘。

Q_ 杨总我们知道您是安化人，谈起安化，最有名的是黑茶了。您在安化做的设计多吗？实践的项目有没有？

A_我做的项目不少了，有好几个项目吧，早期作了安化羽毛球馆、华天酒店和政法大院，最近作了四个项目，一个是地质博物馆，一个是军事博物馆，

韶山市毛泽东文艺馆
注：杨瑛提供

然后还有一个设计艺术馆，三个项目正好建在一个小镇上。另外还有一个船厂项目的改造，比它大一点，有个两万来个平方，其他都是只有几千个平方，三个馆加起来不到一万平方。我想我将来会在家乡安化找一块比较好的地方，给我们做的建筑和其他艺术品一个终极关怀的地方，进行永久性陈列，这对地方上的旅游也起一些带动作用，为家乡尽自己的一点微薄之力。家乡人民对我也很关心，最近县委县政府决定投资兴建雪峰湖设计艺术馆，我的愿望得以实现，高度期盼！家乡安化除了你说的"黑茶之乡"外，还有"羽毛球之乡"，"中国最美小城镇"，"中国最佳休闲旅游胜地"等称号，希望我的设计为家乡增光添彩，助推旅游，欢迎你为安化发展出谋划策，多来安化呼吸新鲜空气。

Q_ 您所赢得的这种尊重是自己做出来的，不像某些是行政权力给予的，在短时间就会消亡。您这种对安化的建设做了很多的贡献的行为会活在人们心目中，未来对家乡人民的贡献可能会更大。前面您谈到要把作品带到安化去展示陈列，您是否可以具体描述一下您的这个设想？

A_ 项目地址选在安化一个小镇上，是依山傍湖的好地方，背托雪峰山脉面朝雪峰湖，自然环境非常好。这是一个很有灵气灵性的地方。基地有一万三千多平方米，建筑面积约三千平方米，包括三部分：展厅、工作室、客栈。作为作品展示，工作生活，文化交往，小型会议接待，旅游参观等公共活动无缝对接的场所，完成小规模小范围小团体的公共社会文化活动是没有多大问题的。详细情况将来找合适的机会、合适的话题再另行表述。

苏仙岭景观瞭望台模型
注：杨瑛提供

Q_ 嗯，轻松随意的创作一直是您所追求的，您平时也经常会谈到情境。关于"情境"两字，大家首先想到的是绘画中的意境。您的手绘非常好，在您出版的作品《埏土集》中可以看到您的非常出彩的手绘作品。请问您手是如何练成这样的功底？

A_ 这个跟成长的过程有关吧，虽然没有专门学习过美术，但是我从小就喜欢绘画，不论是设计草图还是表达技巧，我都比较随性，兴致所致，随心而动，运用之妙，存乎一心，并没有说要刻意去提高某些技巧而去练习，对于草图手绘，我仅仅只是把它当成是一种交流的工具，追求的是自然而然的形成过程。身处我们的那个年代，受绘制设备的影响，科学技术并没有现在发达，我们没有电脑等这一些辅助工具来实现绘制图纸，都是使用的手绘加工作模型来进行的，习惯成自然，时间长了，有了经验的积累，也就熟练了。

Q_ 随着计算机技术的不断发展，新一代的青年建筑师更善于运用计算机辅助软件进行设计。虽然这样在一定程度上提高生产效率，但是在创作思维的表达上可能没有手绘那么直接。请您谈一谈手绘与"情境"的关系？您一直倡导"情境建筑"，您所说的这个"情境建筑"怎样来理解？

A_ 我觉得对于设计师而言，设计的过程和最终的成果是最重要的，而不论你采用何种工具来达成这个结果，我认为并没有什么太大区别。手绘确实可以让创造性意象在狂想与异想天开中迸发，在冷静思考中成熟。手绘出的草图是创作思维的外在表现。寓情于笔，笔可以思考，就像马拉多纳的脚可以思考足球一样。在我本人的设计工作当中，很多建筑方案的创意产生于沉思与草图设计之中，我不敢想象如果我离开草图手绘离开冷静沉思还能用别的方式产生什么好的设计。所谓的情境即是一种状态，一种富有支配力的全信息、全视角、全过程、全体验状态。建筑的成长是被这种状态支配，包括外部状态，内部状态，你自身的状态，我把这种状态形容为一种情境，笼罩在一种情境里头，所有的状况信息构成了具有控制力的一种情境，甲方对你的要求，时间对你的压力，工种和工种之间的纠结，自己内心的纠结，所有的这种纠结，支配着你的设计行为，这就是我所说的。我们的行为完全可以顺着这个情境做，也可以逆着这个情境做，也可以在情境包围里头做，在于你取舍的态度和你对建筑持有的态度很有关系，态度决定了你的作品，而不是观念决定了你的作品，设计不是预期先输入一个观念，必须围绕这个观念，去调动所有的资源，围绕这个观念并提供足够的能动力服务这个主体。打个比方说，设计要做几个体块放在这个地方，而不论设计情墒，然后我的所有的资源调动米完成这个方块，这是我们常说的"打造"某种东西。其实设计应有态度不是这样的，他在于情境合适，这个场地适合于做什么，你把所有的信息，所有的能量，所有的工作方式，所有你外部可以利用的资源，全信息武装起来，来分析这个场地能否可以做什么。我跟那种所谓的原型图式，不是一种路线，我用情境分析这种方式切割出来。从历程上讲，你进大学的时候就开始受这种图式培养，当到特立独行的时候还要被这个东西指挥，被一个套套住，甚至端着一个架

湖南省建筑设计院新楼
注：许昊皓摄

子来做设计，被一种主义支配了，你被一种所谓的原型在支配，就像得了一种"强迫症"，那完蛋了。实际上当你把这些东西都烂熟于心的时候，就不需要什么原型了，那就可能回到原点上了，回到了事物的原点，回到了设计的情境之中，情境决定形式，情境反对强迫症，反对自闭症。

Q_ 您说的很对，往往学院派的建筑师逃不脱您刚刚讲的这种关系。谁也不清楚，未来普利兹克奖的风向也在变，更追求的可能不是像 Steven Holl（斯蒂文·霍尔）那样高大上的了。正如您所说的，为什么要回归？

A_ 对，我在想为什么老是得不到奖的人，Holl 是一个。Holl 其实是个有思想有作为的大家，那个做东西永远都像排骨一样的建筑师，叫圣地亚哥·卡拉特拉瓦，你看他的东西，永远被某个形式所支配，形式感非常强，永远都在靠那个东西在翻来覆去，绕来绕去，基本都是动物的排骨，他似乎被一种理想状态，某种主义绑架了。当然，这和评委的口味有关，也许换一组评委，情况就不一样了，但我认为，纯粹的形式主义不是建筑的本质和本源。

Q_ 在您的这些创作过程当中，能不能分享一些特别让您记忆犹新的经历，比如说类似一个瓶颈接着一个瓶颈突破的那种摸索阶段？

A_ 摸索的阶段还是很多的，因为我自己在摸索，每一个建筑师其实走向社会以后都是自己摸索，悟道的过程，体验的过程都相对比较长，我在做苏仙岭观景台项目时开始有一个大的转变了，这个东西和以前的东西完全不一样，现在这个东西你看他很轻松，他让人感觉到，你没有必要背负那么多历史使命或者说你的文化使命去完成你所谓的理想。你其实大可以把这些东西融贯于心，营运于心，不会去受这种所谓的主义去支配，这样的话，可能是一种解脱，也是一种创新的开始。你完全可以以一种轻松的心态出现，无所谓要去端着一个架子去做东西，我很喜欢现在这种状态，比较不拘泥于什么东西，而是需要那个东西，就去做那个东西，而不是去刻意完成一个扭曲的空间，信自然而然而成。我们应彻底从另外一个角度去理解，什么是功能决定形式，不是简单的这种平面功能，形体功能或者交通功能等，而是真正要从人的使用角度，去体验它诠释他，运用它，设计他，可能你会达到一个意想不到的效果。包括我们省院的七楼，其实作得很轻松，我就把东西都自然地放在这里，没有去刻意干嘛，而是需求决定这个东西要求我就把他做成这个东西，没有说要去完成一个什么样的假设东西，你要去完成或者被完成的不是被文化或观念绑架了的东西，这样其实对你的建筑是一种无形的伤害。这是我从另外一个角度和另外一层意义上理解到，什么叫真正的功能决定形式。它是不一样的，跟我以前理解的功能是形式不一样，只有通过技术去解决文化问题才是高水平的。

Q_ 您上面谈到了郴州的苏仙岭观景台，它的创作历程是怎样的？

A_ 在郴州市苏仙岭我们建设的这个项目其实是个比较小的项目，才 1000 平方米，是个二层建筑，但是因为它位于万华岩国家级风景名胜区，它经历了漫长的审批过程，也经历了非常复杂的审批手续。首先我认为这个项目的成功应该感谢建设方的支持，没有建设方对我们的支持，这个项目是不可能完成的。伟大的业主造就伟大的建筑。这样一个项目对自然环境的影响是我们估计不到的，应该说是存在风险的，就需要有决策力来干预这个项目，虽然遭到了很多质疑声，但是，市委市政府对我们的支持，使我们成就了这个项目。现在成了郴州新八景之首，成了郴州的新地标。

Q_ 苏仙岭观景台在实施的过程中是否有遇到过某种挑战么？

A_ 我们在做这个项目的过程中一直在跟市政府保持密切的沟通，试图找到一个对场地破坏最小，对原有植被、道路的保护最大，同时考虑到地势情况要施工方便的方案，因此我们采用的是装配式钢结构建筑，在其他地方施工，然后运输到场地进行安装，按照普通的混凝土柱子需要四个柱子才支撑一个面，但是这次我们采用的由一个点分散开一个面的施工方式，这样一来，对周边原来自然条件的影响减小到最小的。此外，苏仙岭项目一共有三条道路，保留了一条几百年的古老栈道，栈道旁边还有各种登山的记录，建新了一条攀爬的道路，以及一条垂直无障碍通道。

Q_ 苏仙岭观景台从空中俯瞰似乎很像一个 "仙"字，这是否是最初方案构思的出发点？

A_ 对。建筑物主体，采用了新的结构设计方式，得意于中国书法 "仙"字的形态，观景台是变化的，灵动而居，可以多方位鸟瞰整个苏仙岭景区。可游、可观、可居、可行，看了项目方案后，市委书记当时给的描述是：半城半山半古今，一道一湖一神仙。

Q_ 从"仙"字来立意,这是一种巧合还是来自您的某种灵感?

    A_ 我这个方案的灵感是从中国书法意象中获得动力,取草书"仙"字之形意,存万物之气韵,在充分解读原有山形地势特征和建筑空间逻辑的同时,运用中国书法和绘画形态的意、气、势等张力关系,从多元而自由的角度经营空间,建立建筑与环境之间的动态关联,可游可观、可居可行,创造了天、地、人、神共生的情境空间,造就新的人文自然,"流而不息,合同而化"。同时我们采用了扇面玻璃,对于景观的观赏和遮阳保温等都有很好的效果,而石材我们都是就地取材使用的本地材料,总体来说它的特点就是"轻、亮、洁、透"。

Q_ 这种"仙"字的形意是如何与建筑的空间、材料、技术结合表达为建筑的情境?

    A_ 通过线性空间的延绵有机组合充分表述和强化环境要素,以多元共存和古今并存为空间构成脉络,将建筑轻盈地凌空飞架在山脊上,钢格栅板廊桥栈道与保留的古道上下并置,互相观照,悬浮交错,古今同构,佛道相生。充分发挥钢材结构灵活、轻盈、可塑的优势,营造自由的流动空间。塔、桥、廊、台相应,重重悉见、舒卷自如、纵横起伏、回抱勾托、虚实相济、俯仰自得,全方位多角度观照城市空间和自然景观,穷尽人造与自然景色。至自由的形态、合自由的神灵万物、达自由的心身。"不将不迎,应而不藏"。天地并生,物我同一。利用光洁而通透的玻璃材料和粗而实的本地卵石造就不同的空间形态意向,悬空灵动的复合钢构玻璃体,外层悬挂遮阳玻璃,可有效击碎山市旋风,让其均匀进入室内,

益阳市安化县羽毛球馆
注：杨瑛提供

同时局部气温的加热，可加速其纳风吐气，调温防晒。利用本地卵石和钢网殷实围合边墙，拙而不华，存自然之灵气，与玻璃同构，虚实相随、拙朴自然，加上建筑、室内、灯光和景观以及设备的一体化整体设计，乃使建筑整体呈显轻、洁、骨、逸之形意。内外空间相应，和而不同。采用曲、折、回、旋、勾、顿等书法的空间运动方式，构成自然错落、抑扬顿挫、流畅飘逸的"仙性"诗化室内空间。无论建筑构造、天花地面，还是器具的构成，一气呵成，且脱尽经络，以合有道之器。

Q_ 我们知道您为苏仙岭观景台写了一首词，这种建筑的情境是如何激发您创作了这首词？

A_ 整个建筑以景合神、以形合意，自由空灵、向仙而生、向洁而生。悬高岩大壑而不惊，以轻柔虚淡而包容宇宙万象。乘梯而上，拾级而至，行悬空栈道，居灵山化境，游神仙之道，观今古景色。或存鸿鹄之志，怀复兴之梦；或腾云驾雾，邀月对饮；或虚空感怀，其喜洋洋者也。至此，横琴坐忘，殊有傲睨万物之容，而游于法度之外，天地人神合而为一。藉以填词以记之：

满江红

登岭苏仙，观橘井，云蒸霞蔚。

万福地，岩巇屏翠，烟光天赐。

极目郴江渔韵转，神游鹿鹤闲情寄。

询仙道，红叶洒乾坤，飞虹系。

临台眺，晨昏绮；骑楼阅，四时易。

纳阴阳和息，物承相济。

高卧云梯游兔阙，盘回栈道拈星子。

梦阑时，一抹万家辉，仙人至。

Q_ 杨总，您是湖南省院的总建筑师，那么我们再来谈谈和省院相关的话题。省院新的大楼已经启动了，上了今年晨报周刊的封面，同时也是 2016 年比较关注的几个湖南最有代表性的建筑之一。很多建筑师都没有机会能够做一个新的总部大楼，像北京院有可能做凤凰中心，但它没有机会做新的北京院大楼。省院新大楼的设计对您来说一个非常好的机会和机遇。您能否分享一下您设计新省院大楼时创作的历程和思考？

A_ 对于这样一个总部大楼项目来讲，确实是比较难得的机会，感谢院里对我的信任。当时是有一个讨论的过程，大楼是采用高层还是多层，因为我们用地非常紧张，我是多层的倡导者。开始的时候我们进行了一些竞赛，有高层，也有多层。从我们这种用地状态，周围的环境，大楼的使用功能上来讲，做多层比高层好。它的好处是：第一，我们有一千多人，上班的时候最难克服的是垂直交通带来的拥堵和及时疏散的问题，而高层基本要通过垂直交通把人送到每一层，就会有较长的时间排队上电梯甚至发生拥挤的情况。但是多层就会好很多了，有电梯，有直跑楼梯，消防楼梯都是开放的我们倡导和鼓励走楼梯。楼梯采光通风很好，在其间行走漫步是特别愉快的，在很短的时间就可以把人疏散掉。第二，多层其实就是一个放倒的高层，它带来的好处非常多。它跟场地的接触面全部放大了，我称它为"低姿态，微介入，轻破坏，自然派"。我们采用全生态模式，3A 标准，这样的话，减低了你使用的成本和运营成本。

Q_ 从空间设计上来看，您又是怎么思考的？

　　A_ 设计是一个创造性的劳动，压力重重。我想给人提供一个轻松愉悦又生机勃勃的工作场所。一个有效释放压力同时高效能动的地方，给人一个愿意待，乐意待，高兴待甚至愿意加班干活的地方。摒弃那种装人仓库一般的感受。从使用看来，目前这样相对比较好，平面布局上也提供了一个改造的可能，大空间布局可自由分隔，对场地，对环境的破坏降到最低，形成跟旁边高层写字楼不一样的感觉，完全处于一个姿态比较低的状态，轻轻地放在自然之中，跟自然的连接，跟洋湖湿地公园无缝连接，与自然并行同在，给人的是一种比较轻松自在的姿态，自由自在，自在自为。这样应该对创造性的活动有醒示激励和开启作用，这就达到了我预设的目标。

Q_ 大楼的材料上，好像玻璃和金属使用的比较多，为什么会选择玻璃和金属？

　　A_ 玻璃是世界上唯一不被风化，不被腐蚀的材料，是一个完全的环保材料。玻璃打碎了，冶炼之后还是一样的玻璃。钢也是这样的，也是一个可以循环利用的材料，对环境的污染和破坏应该是最低的。另外玻璃有一种轻盈感，环境也可以反射透到里面来，清亮洁透，组合起来可以有许多意想不到的效果，比较超越的自然，属于我讲的自然派，富有诗意的自然派，诗性的创造是建立在材料技术上的智慧结果。

Q_ 再问一个私人的问题，院里面会不会给您压力去评院士？因为凡是在设计领域的勘测设计大师都有资格。

　　A_ 这个问题应该不会出现，我对那个其实没有什么追求。因为进入那个体系的评价方式和系统不一样的，我觉得那样过得很累。我接下来的主要工作是好好做设计，然后好好画画，有精力和时间就写些东西出来。靠作品说话，做一个真正的有作为的建筑师，在我的生理条件、心理条件都能承受的范围内好好做我应该作的，能够愉快地完成的事情。

Q_ 您会有意去培养一些新人吗？把您的这些设计和创作智慧传授下去？

A_ 新人靠引导，就是你说你去培养什么，这比较难，跟个人的资质，跟个人的天性跟个人的悟性，兴趣热爱的程度大有关系，不完全是你所能培养出来的，当然比较可行是一起切磋，探讨，研究问题，如果这个人功利心太强，可能就有些难度，这个其实也很难说好与坏，我们这种社会制度的设立本身就有这种缺陷，不保证你的未来，对未来没有保障，他只有去搞功利的事情，买房子，贷款，生儿育女等都是生存的一部分，只有解决必然存在的后顾之忧，人才会真正轻松地努力向前，达到某种高度。

Q_ 杨总，我们知道您同时也在湖南工业大学当名誉院长，中南也有很多学生是拜师于您，中南大学博士后流动站在您这边，可以说您也是参与到了未来的湖湘建筑人才的培养当中。那么，您认为在未来湖湘的建筑人才的培养上，我们目前有哪些优势？又存在哪些劣势呢？

A_ 优势是有根，劣势是眼界不够开阔。拘泥于所谓的湖湘文化，其实既是你前进的动力，也是一个枷锁。你带着很重的历史责任在做东西，会感觉喘不过气来，其实你做东西过于背负历史的重负一定会走不动，走不远。你可以把它作为一个东西很沉静的放

郴州市新城区中心建筑群
注：杨璞提供

在那里，可以观赏它，学习它，研究它，但你一定不能把它当作包袱背在身上，扛在肩上，顶在头上甚至绑架在你的文化理解上，这样对湖南建筑的发展绝对是有害的。有一部分建筑师要去深入的研究探讨和承传我们的文化根性，有一部分建筑师这样作就够了。有一部分是传承的，有一部分是发展的，牵引的，引领的，这种有分工分类分化才是对的可行的，否则都一窝蜂去做古建的研究，那就是资源分配的不平衡了，大家都是在一艘建设的大船上，每人都站好自己的位置做好自己的事就行了，就是对湖湘发展的贡献。

Q_ 就像生态系统一样，有其内在的自然规律在，并非要刻意去强化某些东西而破坏了平衡。在湖湘的建筑圈总会不可避免的谈到湖湘文化，您认为湖湘建筑师应该怎样去处理这种历史和文化的情怀？

A_ 你永远都不能克服不能回避的是文化对你潜移默化根深蒂固的影响。你根本不用担心，你做的设计会不会是湖湘文化的东西，其实你做着做着它就像了，做着做着就是那么回事了。就像你的皮肤永远不能改变的是黄皮肤，不论你怎么化妆，怎么改变，你就是中国人，他改变不了，所以你根本不用担心，因为你浸染在这个文化的氛围当中，你熏陶在这个里头，你被关怀在这个文化的情境里头，你永远摆脱不了这个情境，你是这个情境中人，自然而然受到这个文化的洗礼，受到这个文化的浸淫，所以你不用担心，你做的东西是不是湖湘文化，尽管放开大胆去做。其实如何利用现代技术去解决文化问题才是我们设计的根本问题。你既不要太纠结于这个历史的情怀，也不要被这种包袱所压倒，但也更不能藐视和鄙视这种当地文化或者底蕴文化，我们需要做的就是按照你的理解，按照你的想象，从你的角度、你的方法、你的方式去诠释这个文化。我认为最重要的就是从现代的技术、现代的工作方式、现代的思想方法去解释和诠释地方文化和文化诉求，既然不能去背离更不能完全复制，应该形成新的技术方式和新的解释方法，这样才是我们真的需要去完成的任务和目标。

Q_ 那么在国内外的众多建筑师中，您最欣赏的是哪些？对您最有影响的是谁？

A_ 国内的没想过，国外的肯定是柯布西耶。我这回到印度去，一看，原来柯布西耶在印度获得了不少的启发。印度这个民族有天生的美感，柯布西耶的很多东西在印度可以找到原型。有一个皇宫，进去以后有一个大概一米二到一米五宽的通顶门，就是这样一个小门进皇宫，进去以后才是殿，而且那个地方还没有雨棚。我站在那个地方想了半天，我说为什么这个房子搞成这个样，后来搞清楚了，因为那天有四十五度，它这样做的好处是外面的热气进不去皇宫，门只有一条缝，热气收集量非常小，如果是平齐的，这个门的热气就全部进去了。再一个就是，上面没有雨棚，热气不会上升的时候回流进来了，旁边有雨棚，他的棚是侧向上的，热风上来以后是这样被导走了，太有智慧了，这个才叫原生技术，智慧型高技派。还有个坐落在山上的皇宫，随地而为随心所欲，开窗开门，完全根据需要，有个楼梯做下来，本来是实的，为了把这个风引进去，

长沙市中南大学综合教学楼
注：杨瑛提供

斜切一刀直接开到里面去了，直接到上面楼板了，我一看就佩服了，这样圈过去的同时，旁边开几个小洞，鸽子可以从这里飞进去，到楼梯阁楼上，给他描了个窝，圈个洞，柯布西耶在那个朗香教堂里面那些窗户，那样排布的方式，都是可以找得到印度对他的影响的印迹，我花了整个半天在那个里面转看，深受启发。

Q_ 在建筑创作和教育之外，也请您也谈一谈建筑行业的未来发展。现在有越来越多的城市双年展和建筑策展活动加强了建筑与艺术的交流和跨界，您是如何看待建筑与艺术的关系的？

A_ 在我看来他们原本就是一体的，没有什么跨与不跨界之分，其实跨界这种说法只是一种衡量能力的惯性的说法，是迎合了市场价值观的一种导向，好像你掌握了很多领域，其实原本就是一个大领域，大设计，大艺术是一个广阔的领域里面，你不过是占有了更多的面积，占有了很多的领域，扩大了更多的范围。因此我觉得建筑与艺术不存在跨界一说，只能说是在这个大圆圈里面扩大了自己的领域，增大了个人的影响力与在这个领域的触及面更多。设计只有个人能力有大小、拓展力量有大小之分、能量有强弱、能效有高低之别，并无真正意义上的跨界之辩。

Q_ 似乎这两年业界的行情都不太景气，所以谈跨界的人多了。您能否谈一谈对未来建筑行业发展的看法。

A_ 这个问题很宏大，我是一直在建筑设计院工作，看到的更多的是建筑设计院的未来，但也可以透过建筑设计院的未来，部分能看到未来整个建筑行业的发展。第一我认为未来建筑行业的发展会越来越稳健，将来这种大片区和对城市破坏严重的大刀阔斧的，外科手术式的公共项目会越来越少，可能会进入更加理性和稳健的发展，建筑师队伍也可能走向比较成熟、冷静和高技术水平的方向发展，另外一个方面是乡村的建设力度、投入都会加大，对低收入人群的关注会提高。以前很多时候是为安置而安置，以后对这方面的关注度和投入度对设计的要求可能都会有更高的要求，而且现在的项目更加关注民生，这也将是一种责任以及未来新的设计目标。

Q_ 那么在这种新常态下，青年建筑师应该具备怎样的素质呢？

A_ 现在的青年建筑师思想活跃，一百个人也许就有一百个想法，每个人都有不同的教育背景，有着不同的知识结构，也有不同的个性和思维，这是非常好的。我的倡导是：少玩手机多看书，少打游戏多锻炼，家事国事天下事，事事关心。

Q_ 但是似乎浮躁的情绪也比较多。

A_ 现在的青年建筑师在相对优越的生活条件下成长，相对的忧患意识就没那么强，当然，这也有可能是一种优势，他们没有什么历史重负，能够轻装上阵，并且拥有年龄优势、时代技术的优势以及拥有想超越的欲望，但是我希望现在的年轻建筑师能够压制浮躁的情绪，要脚踏实地的潜心进行设计，所有的建筑都是在地上建成的，思想也不能建立在云端之上，永远在云端行走是做不好建筑师的。建筑设计师是一步一个脚印这样干出来的，真切地把你的想象力转化为一栋栋实在建筑，并不是虚无缥缈的空中楼阁，更不是仅仅依靠想象力就可以实现的。建筑设计就是记忆的集合体，是很实在的工具的行为，必须是落到实处的走下去。作为一个建筑师修身、修心、修行的历程是非常重要的。

Q_ 最后想请您谈谈，您作为湖湘本土的建筑师的领军人物，也是湖南地区唯一的一位建筑类全国工程勘察设计大师，您对湖湘的青年建筑师今后会如何发展？您有何期望？

A_ 在建筑设计业飞速发展的今天，湖南设计行业的发展前景如何，是一个仁者见仁、智者见智的问题。但湖南的青年建筑师，想在全国占有一席之地，那么有一点是可以肯定的，那就是在运用技术先进性的同时，必须创造出湖南建筑的独特个性，保持和发挥地域文化的独特魅力。地方性的才是世界的。其次，就是要保持一定的批判精神，保持一定的反思力与清晰精明的思想，对各类文化、技术、经济、政治的问题进行整合与重构，创造出有长久生命力的建筑，这自然是非常理想的状态，是未来青年建筑师的一种集体诉求。期望我们的湖湘青年建筑师能像"广电湘军"一样出现"建筑湘军"。

湘雅二医院教学科研综合楼
注：杨瑛提供

蒋涤非 |

"身份转变之间，不是转型而是回归，并且一直围绕着一种最初的情节。"

教授，博士生导师，研究员级高级建筑师、国家一级注册建筑师。现任湖南省建筑设计院有限公司院长。株洲市人民政府原副市长；中南大学建筑与艺术学院原院长；北京大学博士后、同济大学博士、清华大学学士、硕士。

株洲神农新城
注：罗朴之摄

Q_蒋院长您好，感谢您接受我们的访谈，今天来聊一聊城市和建筑。多年前曾拜读蒋院长的著作《城辨：学者的声音》，书中汇聚了当代中国十四座极具代表性的城市，以各地知名高校为平台、以交流论辩的形式，真实而鲜活地反映了各城市在当地学者心目中的地位、价值以及发展创造中所呈现的光环与暗点。您在这部著作中不拘泥于城市规划与建筑学学科内的思考，而以泛文化视角来审视我们的城市，为我们提供了一种别开生面的城市体验途径。这些思考和感悟也来自于您多年的实践和研究，可以说您对于城市有着独特的情愫。首先想请教您的是，一个城市，它的生命力究竟体现在哪？

A_我认为城市的生命在于"杂"，这个"杂"指多样性、共生性；它是充满活力的，并不指向无序与杂乱。杂乱是分离状态，活力是共生状态。城市多样性建设中，我们要顺应城市作为生命体所具有的自组织原则，要在杂乱、散乱中，透过规划与设计，把无序和杂乱变成有序。

Q_您刚才提到了"活力"二字，我们知道您的著作《城市形态活力论》针对城市活力概念所具有的开放性和混沌性特征，构建了具有开放性的理论框架，此外还立足于当代城市形态，归纳出营造"双尺度"城市十项营造城市活力的城市设计手法，并特别指出当代中国城市活力营造之道。您是如何看待城市"活力"，为什么会来研究这个领域？

A_由于当代生活模式的嬗变、以汽车为主的交通方式的泛滥，城市产生了各种流动之间的冲突问题，使城市机能紊乱，城市研究的对象更趋复杂，面临的题目越来越大，问题越来越综合。我们面临的问题是在各种流动（网络化、高速化）交织的当代城市怎样建构以人为核心，具有多样性的现代公共生活空间。我国发展进入新常态，城市建设由外延式扩张转向内涵式发展，由追求数量到注重质量，而公共空间活力是城市设计提升城市品质的重要指标，当代城市发展所面临的背离活力的趋向和问题，更使对城市活力的研究成为当务之急。

Q_您又是从什么角度切入来研究城市活力的？

A_城市生活是城市活力研究的基础，对当代城市生活的剖析是研究城市活力的切入点。城市生活可分为经济生活、社会生活、文化生活：经济活力是城市活力的基础，是产生现代城市活力的前提；而社会活力是城市活力的核心，是城市活力的具体表现形式；文化活力则是城市活力的内涵品质要求。

Q_那么以您的研究经历来看，做城市活力方面的研究有哪些方面是值得注意的或是您自身有特别体会的？

A_首先是城市活力研究的内涵应具有异质性；其次是活力特征应突出地方性：活力不仅要体现"此时"更要体现"此地"，公共空间活力应呈现出鲜明的地方性；还有就是活力方案应具有可塑性，因为城市空间是不断演进和变化的；最后是活力营造应注重全程性，应当关注其全生命周期，不是局限于单一的设计层面，而应当从设计、建造、使用和运营管理展开全过程的研究。这种全周期的全程性是城市公共空间活力营造有别于其他研究的重要特征。城市具有开放性和混沌性，城市活力概念本身也具有类似的开放性和混沌性，是一种难以量化的特征。对于城市活力的描述和研究很可能费力不讨好，这是一个开放性的课题，并且城市活力还存在地域性和时代性，激发城市活力的价值取向和方法策略必有差异。活力是具有时间属性的，没有永恒的活力，活力研究是关乎当下的社会行为话题，具有鲜明的当下性，是对当代的科学、技术的回应；而处于当代复杂多元的后城市空间，电子技术也正在迅速解构我们对于未来的预见能力。因此，从城市设计向度为城市活力营造建构的框架和策略，也必然是不断演进的。

Q_ 与西方的城市相比，中国的城市活力的营造有什么不同之处，应该如何实践？

A_ 这一方面是要面对有异于西方的中国政体，另一方面是要辨析中国千差万别的地方特质，这使得当代中国城市活力问题诊断和营造，不仅要西医更要用中医，特别是要找到针灸点，以避免药不对症，只是隔靴搔痒或皇帝的新装。

Q_ 城市除了"活力"，另一个绕不开的话题就是"特色"，您如何理解城市特色？您觉得城市的特色如何营造？策略在哪？

A_ 总体说来，城市特色营造的策略大概可分为七种：强调城市设计的作用、强化建筑风貌管制、优化公共空间体系、突显自然山水特征、传承人文传统特质、优化综合交通组织、以及营造夜间生活环境。七大策略中城市设计是对城市空间形态进行控制的基本性手段，通过城市设计让城市立起来，通过风貌管治让城市有序，通过公共空间体系的建立让城市得以感知，通过显山露水展现独特的城市山水特质，通过优化人文传统来体现市民特质和历史传承，通过夜生活环境来体现不同的生活情趣，七者共同形成整体的城市特征，又各自发挥不同的作用。

湖南广电鸟瞰
注：涂宇清摄

Q_您能否谈谈对于咱们中国的城市特色营造的感受？

A_中国作为界第二大经济体，完全可以向世界展示自己的城市自信，展示独特的中国城市形象。城镇化率超过 50%的中国城市必然走上内涵式质量提升之路，城市特色塑造是不可绕过的话题。在中国特色社会主义政治制度下，政治、行政、市场模式都具有鲜明特色，城市建设和管理模式与西方有很大不同，无直接经验可以借鉴，全国都在探索，可以说并没有"普世价值"的模式。我们城市特色可以塑造竞争优势，只有结合山水地域特征对城市的过去、现在、未来进行历时性考量，才能让我们对自己城市的雄心建立在真正的理性之上，才能让我们对未来城市特色畅想卓越而自在。

Q_在近年来的中国城镇化建设中，"特色小镇"一直是个热点话题，您是如何看待和理解这一现象的？

A_总体来说，特色小镇是一个快速实践特色、完成城市特色营造策略的实验区。特色小镇有很多类型，有指向未来的、指向过去的、指向现在的，具有多元性。特色小镇的实践是中国城市特色营造的一个重要的路径。将使中国广大的城乡，都遍布着一种特色的解决方法，整个城市特色营造的方法得以升级。同时特色小镇是解决产业园区和新城区无特色化的途径——中国政府有最强大的社会组织力量，但在面对城市化超规模扩张时，也有力不从心的时候。我们都喜欢大，大北京、大广州、大深圳……用城市设计的方法研究深圳，深圳就不是一个大城市。细胞分裂才是生命正常态，而社会结构和组织的单一化是与健康生态相悖的。利用多中心组织城市功能和利用各种社会组织运营城市，是社会生态的重要表现形式。特色小镇这样一个小的区块可以成为解决我们城市特色缺失的方法，是一种针灸式的，点对点的解决方式，这也许是解决我们园区和新区失去特色的一个很重要的路径。

Q_前面聊了很多关于城市的话题，再来谈谈您的一些具体城市实践项目吧。我们了解到您在株洲神农城的城市设计项目上花费巨大的心思与精力，是否能够聊一聊这个项目的情况？这个项目对您的实践和研究来说是否具有很强的代表性？

A_几年前，我在株洲主持神农城项目，从各个方面来说都看作是中国那个狂飙突进时期的城镇化建设样本，这里涉及了很多具有独特性和标志性的内容：比如四年之内快速建成；比如作为一个城市中心的项目，承载了城市政府所具有的雄心和愿望；比如作为城市的公共客厅、城市需要重要的文化载体，同时还要承担区域经济振兴的责任，以及作为城市的中央公园。

Q_对您来说，这是否看上去既极具吸引力同时又充满了挑战？

A_这个项目位于市中心，原来是一片城中村，一个曾经废旧的消极的藏污纳垢的场所，需要在几年之内变成一个城市中央公园，变成一个城市政府充满期待的城中城。在这种情况下，如何快速建造，如何把这个场所最大的潜能发挥出来，同时又要在这么短的时间内建造出来，这种情况下需要非常高的城市设计技巧和对城市设计的整合能力。

Q_您是如何思考和应对这些挑战和问题的？

A_首先，新建成的神农城跟周边的城市尺度关系不能差异太大，一个城市的尺度，譬如上海的超高层建筑群，一百米以上的建筑尺度和超大的街区之间是相互匹配的。作为株洲这个中等城市来说，建筑物的高度、退让、容量都应该跟这个城市的尺度相对应；其次，作为一个中央公园，要满足城市中心的职能需求，包括市民的各种早晚活动、公共集会等各种功能；再次，作为一个文化载体，广场上设置了炎帝像的文化主题，把它的文化特征凸显出来，通过仪式性的中央广场使其具有仪式性，同时又设置有一些具体功能，比如大剧院和艺术中心，作为城市的基本公共设施。

Q_对于规划师和建筑师来说，处理这些复杂的问题其实是需要清晰的头脑和适当的技巧的。

A_如何把提升城市品质的功能设施放在里面来组织好，还有怎么把广场中的公共艺术雕塑处理好，以及市民游园，后面湖，通过这些具体的景观空间把公共艺术展示出来。如何得体地符合尺度地展示出来，这些都是提升城市综合体品质的具体做法。城市中心具有非常庞大的功能体系，非常大的体量，这样一个大型广场中间怎么点缀其中的艺术价值，让整个的文化品质提升起来，怎么展现作为株洲市最中心的城市综合体，怎么把诸如神农像、塔，这些多年前留下来的标志性雕塑和构筑物重新展现出来，得体地融合在新功能中间，这需要相当技巧。还有，怎么把这样一个大体量建筑的运营激活起来，它的商业价值怎么呈现，这里面都有各种考量和分析。整个两千亩地，包括 600多亩的前广场，600多亩后面湖面的公园区，这样一些功能，怎么把城市交通设计贯通起来，其实这里有很多量化分析，很多精微的思考。这些交通的路径，交通功能的组织，步行和车行的分流，车行中还分为公交车、出租车、私家车等，甚至用于内部交通的电瓶车，内部这样一个贯通的交通设施系统，怎么有机的跟原有城市机理进行对接，这里边有很多的分析和思考。

Q_对您来说，这个项目完成后有些什么体会和感悟呢？

A_株洲神农城这个项目，在四年时间内完成那么复杂的功能：既作为城市公共客厅，又作为城市最核心的文化标杆，还作为中央城市公园，再加上非常庞大的功能设施体系，商业设施等等。通过聚集各种功能，作为一个中等城市来说，它起到了提振城市中心价值和功能的作用。对整个中国来说，设置在城市中心的众多城市综合体中，株洲神农城可以说是完成度最好的之一，而且是功能相对更复杂的之一，这些多元的功能中还设置了非常多的公益性和公共性在其中。像刚才说到的大剧院艺术中心、公共广场等，特别是中间那个大公园，把破旧衰败的城中村在四年内转化成城市核心区：一个具有多样公共功能的、具有可持续的中央公园；对于中国那个一路狂奔的时期的城市建设来说，这种大型的综合性项目中，是非常有分析价值的样本，再回过去看，是有一些创新的。

Q_蒋院长，您在职业生涯中经历数次身份变换，从职业建筑师到学者，再从学者到政府官员，最后由政府官员回归到领导设计院的工作中来，能否介绍一下您的这些职业经历？

A_我清华本科毕业以后，当时就回到湖南省建筑

长沙月湖公园鸟瞰
注：晟龙摄

设计院，从一个乙级设计院很快升成甲级设计院，主持几年后去了另外一个院，然后来到中南大学建筑和城市规划系组建中国当时一级学科最多的学院——中南大学建筑与艺术学院，一个跨建筑与艺术的大艺术大设计的学科门类非常多的学院，然后又被学校派到株洲挂职，最后任职副市长。当副市长期间，整个在株洲期间的过程，全部工作就是分担株洲的城市建设和城市管理的一些工作。若干年以后，又回到省设计院。

Q_在这些身份变换之间，您是如何转变其工作性质的，如何权衡专业与行业之间的互补性？这些转变对您又产生过怎样的影响？

A_我回想这样一个过程：毕业以后从事建筑，后来到同济大学学习城市设计，博士后是北京大学GED，事实上这是一个从微观中观到宏观的学习过程；伴着这个学习过程，我的经历也从微观中观到宏观，事实上这么多年中一直没有离开设计，只是从小设计到大设计，从建筑到城市，没有离开过设计。通过这个过程说明自己一直是有设计情结的，事实上转来转去都还是在一个大的以设计为主线在发展在生长；同时也有一个很大的变化，这个变化在于知道自己喜欢什么，擅长什么。

Q_这是否也影响到了您平时的创作？您是如何从建筑设计走向城市研究的？

A_作为一个经过清华建筑学训练的学生，工作以后做了若干的建筑，比如远大地中海会馆，以及毕业第五年时以助理工程师的身份主持了湖南省的一号工程——广电中心，这座10万平方米的湖南省公共建设最大的建筑，同时自己创作会馆建筑，之后做了长隆国际社区的住宅区，怎么在其别墅群中关注跟月湖形成一种很好的关联性，当然还做了很多其他单体建筑。后来随着自己读博士，做城市设计的研究，慢慢对区域，对城市更多的爱好，觉得这是一个非常奇幻的世界，很奇妙；就说我们钻研在建筑单体中间，用非常纯粹的思路，纯粹的生活方式，不断的跟建筑进行深度对话，远古到未来，是个线性的过程，其实这也是很大一部分建筑师们崇尚的生活方式。

Q_您觉得做城市研究，与建筑设计相比，它的特别之处在哪里？

A_一个城市研究学者，一定是一个开放性的状态；他定是一个非线性的过程，因为城市一定是开放的巨型系统，纯粹的线性生活无法解读城市。城市是横向的，当下的各种人群，各种经济活动，各种社会活动，各种文化活动，布朗运动般的发散性，同时还有时间这个主线：过去，现在、未来的这个时间轴线的缠绕，任何一个城市都是丰富的。那么城市设计学者怎么把当下的大众诉求，价值诉求，文化诉求表达出来；同时为了对未来的趋势又有所预期，又有所谋划。其次是一个非常有意思的，也是一个非常不可能有结论的，它可能有阶段性的成果，在这个领域中间应该说没有绝对真理，当你领域的这样一个城市的这个深度广度越大、越广的时候你会发现，你知道的这个圈越大，你接受这个未知的这个圆圈，未知的世界也就越大，这也是城市设计、城市研究的魅力所在。

Q_2015年您重新执掌湖南省建筑设计院，提出了湖南设计的"大设计"概念，并给湖南设计的标语诠释了"设计创造价值"，您为何会提出这样的概念？在您看来，怎样去理解这种价值？

A_回到湖南省建筑设计院当院长，我想这是一个偶然，也是一种必然。湖南省设计院还有一块是湖南省规划设计院，实际上拥有非常强大的市政设计力量，景观设计也很不错。设计应该是大设计的概念，应该说是含有规划、建筑、市政、景观、室内设计等等，应该说是非常重要的，不是一个狭隘的小设计的概念，而是一个大设计的概念，所以我提出湖南省建筑设计院打出"湖南设计"的一个口号。湖南设计，是把它从建筑的边界扩充到以建筑作为其中的项目，这是一个外延就内涵的一种大扩充。另外提出设计创造价值，事实上这个价值是三个价值：设计创造社会价值，要为这个社会创造价值；设计创造经济价值，设计是有价值的，它是有回报的，同时这个设计也可以为这个社会创造更多的经济附加值；设计创造文化价值，那是很显而易见的。所以我提出设计创造价值，这个价值不是钱，它是社会经济文化，社会价值是影响力，文化价值是个根，本身就是一种文化，经济价值是很重要的一个载体。我觉得在当前情况下更加追求设计的品质，从快速发展的过程到今天。新常态，新的发展速度更加讲究品质、讲究质量、讲究技术水准。湖南设计，应该在品质上，在质量上，在技术上有这种大的提升，这样才能真正在湖南省、在相当的区域内实现价值，产生影响。

Q_ 最后请您谈一谈作为湖湘建筑师群体中的中坚力量，您对于设计这块有着怎样的情结？您是否还带有原先教书育人的学术情怀？

A_ 我作为中南大学建筑与艺术学院的首任院长，在任期间学院通过了建筑和规划学科的本硕评估，我通过学科评估作为抓手来推动学科建设。现如今没当院长了，而是作为一名博士生导师带学生，基本上是在尽自己的义务。事实上在教学的过程中，我逐渐实现了自己的学术情怀。而在省院任职院长以后，还是很愿意通过教学的过程，使自己在建筑规划以及城市设计的学术探索上，特别是在城市设计领域中不断地思考，不断与世界上现在的成果进行对话。在高校的学术背景下，以教授博导的职能，我仍然在充分地进行学术实践。当代社会流传着一系列非常复杂的价值观，人的生活状态介于百态之中，但是事实上每个人心底都保留有一种最深切的价值追求。对于建筑师，总有一种设计情怀，以这种情怀作为出发点，在不同状态中，总是会时不时激起。这也是习总书记最近所说的"不忘初心"，初心会促使你回到原点。人们虽然并不明确要达到一个什么样的物化目标，仅仅凭着这个初心，再回到出发的地方——这也是很多人，从起点开始转，到后来又回到一个原点，这一切不可解释，不可量度，这就是一种命定。很多年前我在设计院担任院长，当时写了一篇文章，是关于教师情结的，我觉得我跟教师这个身份脱不开关系。后来到了中南大学，这也是实现了一种内心的愿望。人的发展和成长不管走多远，有时候都是围绕着一个最初的情节的。

株洲神农新城
注：罗朴之摄

杨建觉 |

"建筑家一定要尽可能早地意识到一种能力，就是既有梦想又有梦想的支撑，这个能力我称之为平衡能力。"

建筑师，曾就职于湖南大学建筑学院，近十年来主持靖港、乔口、新康、铜官、书堂、道林、夏铎铺、都正街等古城、古镇、古村、古街保护与复兴设计，为湘江古镇群的诞生与发展做出积极贡献。

都正街改造
注：涂宇浩摄

Q_ 目前的时代是个快速消费的时代，您兼顾教授和执业建筑师身份，如何看待这个时代？您又怎么在这个时代找到自己的定位和角色？

A_ 真实地面对世界！彻底进入消费时代的当下中国，不能进行道德评判，这个时代对还是错、好还是坏，庆幸这是有了温饱、安全和社会稳定之后的事。消费时代，就有消费时代的心理与行为，无论城市人还是乡村人，生活里渐渐增多的是闲暇、情趣、浪漫乃至虚拟世界。建筑师要观察、要倾听，与真实世界对抗是不行的。

Q_ 城市快速扩张，给城市带来问题与挑战。如何建造生机勃勃、令人愉悦、与众不同的建筑环境？建筑师怎么坚守理想或者自己的设计观念？

A_ 设计理念与设计手法，二者经常不分彼此。善待自然并多一些对自然的感激和回归，这是一种理念。与之同步，对社会与城市快速发展与生活欲望无限扩大持一种或保留或批判，是另一种理念。这是挑战消费时代同时并存的两股力。山是山，水是水，城市是城市，乡村是乡村，老屋是老屋，老路是老路，你得首先承认现实的价值、存在的意义，你不能做救世主，只能是帮老倌（长沙话：助手）。连这些都守不住，没人跟你玩。

Q_ 在当前棚户区改造与美丽乡村建设推进过程中，政府主导的场景似乎还是占大多数，您是如何看待的？建筑师应该处于什么位置比较合适呢？

A_ 政府决策过程一定有内在动因。人居品质、环境颜值、城市记忆、文化魅力、官员政绩等等，都构成政府决策的动力与动因。在这个时代，无论是学者、政治家还是普通百姓都是消费时代的消费者，建筑师在其中能扮演好一个有活力、有趣味的角色，就不错了。

Q_ 您是如何扮演好"建筑师"这角色的？您的设计源泉来自哪里？

A_ 像古人说的"三十而立，四十而不惑，五十而知天命"，人在一定的年龄会想不同的事情。我在给湖大学生上课时说：古人说，读万卷书，行万里路，我加上"存万卷图，识万个人"。我庆幸，脑子还灵，思维还活，因为我"行过万里路"、"存有万卷图"。当看到一个有趣或无趣的场景或空间，我就有表现的欲望、改变的冲动，很想去"添彩"（也许是"添乱"？），很自然的，我的手法就来了。有朋友说我不像建筑师，而像个导演，确实。也许我更是个演员？这个城市或乡村就是我的舞台。

Q_ 目前有很多学界人士谈到本土文化、地域文化都会提倡对乡土文化的保护和借鉴，似乎这些来自乡土的文化才更为纯真、淳朴，您认同这种观点吗？乡土文化复兴正逢其时？

A 快与变，是这个时代最典型的两个词，其意义，好坏参半。乡土文化复兴，说明乡土文化与文明在"快与变"裹挟中被忘却了、消失殆尽了。复兴，就是重新拾起、重整旗鼓、重构美好，当然应该。人类历史何尝不是复兴的历史？无论本土文化、地域文化，还是乡土文化，都是从不同角度和视野研究"本源"问题，研究全球共性背景下的地域个性问题。无论是作为历史古镇的靖港还是作为湖湘文化地标的岳麓书院，他们均有一脉相承、不断复兴的历史。三十年前湖南大学成文山、杨慎初两位先贤的不懈努力就是岳麓书院最近一轮复兴的背后故事。长沙正启动的历史步道建设和湘江古镇群保护，均是长沙地地道道的地域与乡土文化复兴工程。

Q_ 建筑师怎么样舒展出自身职业的魅力，呼唤起当地人的记忆和共鸣？

A_ 当年赖特说，他走上山顶，极目远方，柱子升起来，墙体围上来，屋顶飞过来，他通过这样的围合看世界，灵感随之而来，美好油然而生，这是多么生动而坦诚的描述哦。当我站在山丘上、田野中瞭望时，常常会真切地生发出与赖特同样的情感：泥墙竖起、草顶迎来、竹林密布、曲水流觞。特定的场所一定带给你一种特定体念，激活你一种特殊情感，逼迫你拿出一种特别"活儿"，设计真是件快乐无比的事情！ 正如著名作家彭见明先生励志所言："建觉所执大业乃人间美差，快哉乐哉。"当建筑师具备发现地段密码、解读密码含义、呈现人性需求的能力时，他做出的设计一定就是"没有设计"，简单说，宛若天成！其境界，当然，难！乡愁，是个古老的词，最近也蛮时尚，英文叫HOMESICK。沈从文先生的字里行间是乡愁，彭见明先生的"那山那人那狗"是乡愁，我的童年和少年在一会儿城里一会儿乡下中度过，记忆与情感存盘不缺乡愁！我想，唤起当地人的乡愁，建筑师啊，第一，你要拥有独特的体念记忆；第二，你要能够将心比心地创造记忆；第三，你要赢得消费者的共鸣记忆。消费者可能是行政决策者、可能是业主、更可能就是走在路上的普通老百姓，他们是建筑与环境设计的最后、最大用户。知天命的年龄，虚荣心少了许多，我越来越中意把

书堂镇改造
注：涂宇浩摄

自己当"匠人"看待，做个好匠人也是不易，匠人的祖师爷就是鲁班呀。

Q_ 在中国，城乡二元化社会在当前仍然是比较明显的。城里人、乡里人、城市建筑、乡村建筑还是明显的鸿沟，您觉得这是问题吗？如何看待？

A_ 中国城乡二元社会当然存在，城乡差别当然存在：城市密集、乡村宽松，城市高耸、乡村低矮，城市快捷、乡村闲适。当西方发达国家早已解决城里与乡里的"鸿沟"问题之时，中国也有许多地区正快速朝发达国家社会方向发展迈进。其实，建筑师眼中更愿意看到城乡差别：城是城，乡是乡；城里，感受城市的效率与喧嚣；乡里，享受乡村的宁静与安详。城乡之差，不是贵贱与高低，而是场景对比和艺术魅力。

Q_ 建筑师在城乡各自能发挥什么作用？或者反过来城乡会对建筑师有什么影响和改变吗？

A_ 在乡里唱乡里调，在城里唱城里歌。

Q_ 谈到这里，让我们想到现在很多地方都有古镇、古街的保护，大多为商业性开发推动，建筑师的设计也是短时间大批量的出现，会不会产生很多同质化的现象？

A_ 你不能要求每个建筑师、每个规划师、每个决策者都是超脱的、非凡的，这不公平，也无可能，更没必要。社会也好，设计师也好，都必须学会接受平庸、接受同质，这是理解全球化世界的一种逻辑。讨论古镇、古街，又是一番景致。譬如，虽然我不知道靖港有哪些独一无二、惊世骇俗之处，它现在事实上已经在长沙周边地区"火起来了"，周末每天接待一两万游客，它留住了长沙一定程度"真实"

的历史故事、风土人情、世俗生活，它慰藉长沙人的情感，它承载长沙人后代的记忆，这就是靖港的价值和意义。它的历史格局、视觉格局、商业格局、文化格局从来就是它自己的，它与周庄和乌镇相比也许有风貌上的相似之处，谁会介意这种相似或同质？乔口渔都在结构上、风貌上是不是与靖港也有相似之处？谁又在乎呢。一个常常为人担忧的"同质"问题却常常不让我担忧：天底下没有两片完全相同的树叶！

Q_ 相信每个建筑师都会有一段追逐大师的经历，这段经历可能出现在求学过程中，也可能出现自己的创作过程。现在建筑师在创作时，喜欢谈各种风格，谈理念与概念，您是怎么认为的？

A_ 我还是很喜欢说，让这块场地、这个业主气质、这份时代精神、这群用户爱好来告诉你做什么。我常常发现，有些建筑师特别愿意理论先行，在谈自己的建筑之前先把理论旗子举得高高的，这个好吗？当代中国有谁是真正原创的、独具精神气质的建筑理论大家？我从北美接触的几位"建筑大师"那里感悟的创作观是：不谈主义、不装风格！

Q_ 您从事建筑这一行已经很长时间了，期间有想过做一些建筑之外的事情吗？比如，电影，您对它有兴趣吗？尝试外面的事物会有失败的风险吗？

A_ 我内心澎湃、激情满怀，想做很多没有做的事，虽然只是念想，也挺好。电影确实是一个很好的造梦载体，所有的残酷实现或如歌浪漫都可以借电影来表达，是个好行业。建筑师受到的社会制约还是挺大的，当然电影的约束也很大，但两者受到制约的内容和性质应该不同。永不言败就不能称之为败。生生不息的精神，在北美，无处不在：六七十岁的"老人"，还能在酒吧里欢声雷动，在职场中风生水起，在课堂上口若悬河，这就是他们存在的价值、存在的方式、存在的理由，值得追随。

Q_最后一个问题，是替年轻一代的建筑师们问的。一个好的建筑师究竟应该具备怎样的素质和能力？

A_建筑学，奉献出来的是公共产品、社会产品、环境产品。建筑家一定要尽可能早地意识到一种能力，就是既有梦想又有梦想的支撑能力。换句话说，一个好的建筑师要有超强认知社会的能力和把握自己的创意能力，这个能力我称之为平衡能力。进大学第一堂课就知道建筑是科学和艺术的结合，但是这句话好空，而我的导师王绍俊先生，一个我一辈子都佩服的人，在关键的时候、关键的地点、关键的内容上通过手把手的改图与直抒心意的阐释，让我设计开窍：努力找到平衡力。人生有无数个"窍"要去开启，有幸我遇到多位给我开窍的人，我心存感激，念念不忘。

国家超级计算长沙中心
注：涂宇浩摄

曾益海 |

"匠人之心是厚道的建筑师应有的执着之处。"

中铝国际长沙有色冶金设计研究院总建筑师、教授级高级工程师、国家一级注册建筑师、国家注册规划师、香港建筑学学会会员、湖南省建筑学会副理事长、湖南省工程勘察设计大师。

Q_ 曾总，您好！感谢您接受我们的访谈。您的身份首先是一位职业建筑师，我们就先从建筑与创作谈起吧。从"惟楚有才"的岳麓书院看湖湘建筑，随着湖湘大地的城市在现代化的进程中，建设的模式越来越趋同。我们依然能从看似趋同的"城市外表"下，欣赏或发现每一座湖湘城市鲜明的个性，具有包容性的独特的湖湘元素的城市性格。这些元素中有因岁月积淀而成的湖湘沉稳，也有眩目先锋的当代积累，元素的演化大致相同，却都有着独特性、不可复制性的一面。每种地域都呼唤属于自己的建筑文化，湖湘大地也不例外，您认为湖湘文化对于湖南本土建筑师的创作有着怎样的影响？

A_ 把湖湘的概念跟建筑创作联系起来，我从 2000 年开始就有一种想法，就是我们的建筑师是不是可以从沈从文的作品里面找到出发点，因为沈从文真正理解了湖南。其他后来的一些作家也是这样，但是我印象最深的还是沈从文。湖南的建筑师是否可以尝试如何把沈从文描绘的场景，真正地融入自己的设计中来？现在没有一个项目的建筑师，或者一个主体的项目尝试过这片空白，作为湖湘的建筑师都可能去关注一些具体的项目去了。1980 年代中期，湖南的建筑师对湘西文化还是很关注的，那个时期，确实有一些优秀的建筑出来了，这个是跟湖湘建筑有直接关系的，可以说是一个非常难得的机会，但是建设的量也不是很大。现在的湖湘建筑师，也没有这样的一个机会，去表达对湖湘文化的一个理解。比如湖南大学的建筑作为学校的建筑是非常优秀的，但是真正是不是表达一个湖湘的概念，或者可以放到一个更重要的位置上面，我觉得未必。现在魏教授做的书院博物馆，可能有这方面的思考，但是，

湖南财信大厦
注：曾益海提供

是不是表达得很充分，这个问题也是可以探讨的。

Q_ 那么作为湖南地区的首批建筑大师，您觉得湖湘建筑师应该如何从湖湘文化中吸取"智慧"并把这种"智慧"注入到创作过程中？当前的建筑师有这个创作机会和条件吗？

A_ 作为建筑师想要表达湖湘文化的概念的话，机会不多。目前市场大多都是地产项目，城市公共项目有，但是很少，都是被国外或者外地的建筑师拿去的更多。比如上次三馆一厅项目，在湖南也是做了设计竞赛，最终也是选择了外地建筑师为主来创作。但这个建筑还是表达了一些湖南人的精神，总体上还是不错的。这样的机会都是非常少的，又比如最近清水塘博物馆的改造，是一个以"文革建筑"为主的博物馆。"文革"时期的建筑在长沙的影响力还算比较大的，比如长沙火车站，清水塘博物馆，尤其在 20 世纪 60—70 年代是很有影响力的，怎么定位，是不是可以归为湖湘建筑，这个也是可以探讨的。总体感觉的话，建筑师有明确的意识去创作湖湘文化的建筑，案例不多，成熟的项目也不多。如果要去做的话，就是深入湖南的乡土，就像我一开始想的是不是可以跟沈从文发生一个关系，跟乡土文化发生紧密的关联，这样才会跟湖湘文化有联系。

Q_ 您的观点是湖湘的建筑创作需要扎根于湖南的乡土文化。那么作为大院的总建筑师、湖南建筑界的建筑大师，在许多杂志和媒体上都看过您创作的作品，在建筑实践中您是怎么体现自己的建筑创作观点？

A_ 这个是很好理解的。比如建筑是为人所使用的，有使用功能，是一个场所，其他尺度、空间是物理考虑，也是很重要。我们做建筑需要的是从建筑的本源开始，包括材料、建筑方式、工艺。从基本的出发，建筑能够做出一个深度，也是一种策略。

Q_ 阿尔巴罗·西扎是新地域主义（Neo-regionalism）代表人物，他的作品注重在现代设计与历史环境之间的关联性，并而受到普遍关注和承认。我们通常理解的新地域主义是指建筑上吸收本地的元素，这些元素覆盖到民族的或民俗的风格、居民的生活习性，使地域中现代建筑能具有地方的特定符号。在许多学术界定中新地域主义往往不等于地方传统建筑或者是仿古建筑，您是如何看待的？还有在您心中，建筑与人是怎样一种关系？

A_ "宅者，人之本。人因宅而立，宅因人得存。人宅相扶，感通天地"。中国的《黄帝宅经》表述了人与建筑相互依存的最深刻的思辨和感悟。建筑是大地上人化的一种存在，让人的肉体和孤独的心灵有所安顿。从建筑的精神层面讨论，"祖屋"正是能揭示建筑与人类的生命活动与存在意义之间的历史关联和内在逻辑的最恰当的样本。从我们生存的物质层面理解，难道非要到逃离城市的那一天才会想到已经遗忘很久的一个最好的去处就是自家的"祖屋"，一处可以静听山水清音的福地。

Q_ 谈到地域性建筑，现在许多建筑师由城市转入乡村进行创作，以湖南为例，您能谈谈这方面的看法或者经历吗？

A_ 湖南也是很有地域性特色的地方，湘北、湘南、湘中都有特色。在湖南做地域性建筑是有很多素材可以利用的，本身差异性也很大。湖南气候方面是很有特色的，冬冷夏热，但是很成熟的地域性的作品并不多见。有一个成功的案例就是王路所建的希望小学，应该来说是很乡土的，低造价，用当地的材料，营造适合学生活动的空间。与此同时，我也有做一个小学的机会，但是我的任务比较艰巨的，因为王路是有地产商来捐款的，而我是通过农民集资来建一个这样的小学，难度比他的要大。最后这个项目上了200万，但是，我压力比较大。

Q_ 哪些方面遇到了问题？

A_ 这个项目是当地政府主管的，是镇里最重要的小学，也是镇里最中心的位置，需要有很好的形象，就是要有城市化的形象。当时做出来是很漂亮的，很多学校来参观，评价不错。但是从我建筑师的角度就不是那么满意了，因为不是那么质朴了，墙面还贴了砖。这是我第一次做乡村建筑的经验，即使政府、当地农民评价不错，但是我从建筑师角度不满意。

Q_ 可能就是建筑师和普通大众对于建筑审美认知的差异性。这个对您后来的创作有什么影响吗？

A_ 后来，给同乡做农村的住宅，有做的完成度很高的，也有我给他们图纸，他们自己按照业主完成的。栋数已经不少，但是只有二、三栋还算控制得比较好的，其他都是按照业主意思完成。有几栋建筑，业主能够理解建筑师，可以往共同的方向去实施，既有建筑师思考，又有乡土特色，又有当地的做法，这个在当地是个良性的引导。但是现在的乡村建筑整体来说，质量是比较粗糙的，审美的情趣来说有种过于抄袭城市别墅的方向，这对整体的乡村发展是不利的，是一种异化的倾向。我做的还是比较简朴，但业主抵抗不住欧式风格的欲望，深深的把我拖进去了，就打破了我朴素的愿望。他们觉得不加点什

邵阳市隆回县祖屋五号
注：曾益海提供

么，就太简单了，国人的审美失去了一种质朴的感觉。我觉得农村建筑，总体来说是没有建筑师的参与，也没有优秀的工匠去细心去做，尽管这个量已经很大了。有机会的话，建筑师要参与乡建里面去，为乡村有一个平稳的发展，有自己的机会。

Q_ 在建筑创作过程，有许多问题，有和业主的协调，和施工单位的协调，建筑材料的选择等等问题要去面对，您认为建筑师应该怎样处理这些关系？

A_ 建筑怎么样最后落地，我觉得比较重要因素包括材料、构造和工艺。建筑是一门古老的手工艺活，至少在今天的中国大部分建筑还是这样建成的，低技术的施工工艺是我们当前的客观现状。但是，目前建筑师的生存状况不乐观，他们在营生和营造之间呼吸，在权力和审美之间游离，他们陶醉于表达效果图的精彩，在图面上精益求精。而对建筑材料、构造、工艺的认知不深，掌控不到位，具体实施操作的过程不清楚，所以在我们的眼前，精致的建筑总是芳踪难觅。如果一个建筑师自己不能成为一个工匠，请以佛家的平等观尊重每一位工匠，"一切众生皆有如来智慧德明"；如果一个建筑师还不会善用平常之材，请以道家的平常心善待每一种平常材料，"有之以为利，无之以为用"。

Q_ 建筑师在家庭生活中，一定有一些对审美鉴赏的思想，会影响到你的家人，听说您孩子现在也在攻读建筑学专业，是否是受了您的影响？

A_ 他学建筑学应该是受我的影响，一家都是建筑工程方向的。一开始他想学经济学，我说经济学也挺好的，我本身也喜欢看这方面的书。到了高二，他

长沙市国土交易中心
注：曾益海提供

就改变想法了，要学建筑学，我们也同意了，反正你自己选择的，就是自己去努力吧。

Q_ 后来进入了 UCL 深造，情况怎么样？

A_ 在 UCL 压力很大，本科比研究生压力还大。国际学生的压力比本地更大。建筑学本身就是实践学科，西方是以实践为主的，而我们的学生从这一方面训练是非常少的。他在 UCL 读了预科，也有一定的积累，分科以后进入了研究生学习的模式。他也遇到了障碍，但是慢慢在适应中，现在来说还是比较平稳的。

Q_ 那他将来会跟您一样选择建筑师这一职业吗？

A_ 他是不是选择建筑行业或者相关行业，我没有意见。国外建筑学毕业的，从事建筑学的人不到一半，本身考证就很宽，包括时尚设计、舞美都是可以的。本身进去的学生背景就是多样化的，工程类、美术类背景的，以后毕业出来从事的行业也是很广泛的。

Q_ 随着时代变迁，建筑师不再是高薪的职业，IT 产业的兴起重新定义了高薪行业，许多建筑师依然坚持着情怀，选择做自己喜欢的建筑创作，您觉得建筑师应该怎么处理生存与情怀之间的关系？

A_ 我不太认同情怀这个词，我觉得都是基于生计。我在深圳工作的第二年就辞职想去创业，后来时机不成熟，就算了。现在这个时代，适合建筑师去创业，提供的机会更多了。原来建筑的活比较单一，现在建筑的活越来越多样化了，也是适合独立的建筑师去创业。

Q_ 您心中自己一直坚持的东西是什么？

A_ 法国伟大的启蒙思想家、哲学家卢梭（Jean-Rousseau）曾说，"自然不会欺骗我们，欺骗我们的常是我们自己。"厚道的建筑师不需要欺骗自己。厚道的建筑师懂得光鲜透亮的样子在任何尺度上都不是评判建筑的重要指标,而应该以它每天和人的关联来界定。厚道的城市让我们识得大体和人性之美,厚道的建筑让我们懂得克制并遵循自然的法则。厚道的建筑不只是外墙厚实一些足以御寒防暑,更是建筑师的内心冷暖在图纸上的投影。匠人之心,质直而专注。匠人之心是厚道的建筑师应有的执着之处。

Q_ 随着建筑创作交流的平台越来越多,建筑师获取信息的渠道也发生了许多变化,建筑师的故事和建筑的话题在生活中被人们谈论得越来越多了,未来大众对于建筑的审美和需求品位也会越来越高,建筑传媒的发展也将是必然趋势,你觉得未来建筑媒体的必要性对于建筑师创作有关联吗?您是如何看待目前越来越多的建筑自媒体的?

A_ 我觉得媒体也是新兴事物,一种是实业,就是做自己的产品,两种方式都可以。媒体不管是从哪种方式来推销自己,都可以。建筑师自媒体,你可以不依赖其他媒体,你做设计也可以,跟媒体接触,也是可以。媒体就是传播,本身就一个这样的性质,有社会性的特性在里面。不管是建筑媒体也好,这个本身是一个可以做的事情,有特性有需求。

长沙市现代凯莱大酒店
注：曾益海提供

罗劲 |

"建筑是不同人的感受的不断叠加。"

毕业于湖南大学建筑系，中机国际总建筑师，国家一级注册建筑师，教授级高级工程师，湖南大学客座教授，中国建筑学会会员，湖南省建筑师学会副理事长。2010 年获湖南省优秀勘察设计师称号，2016 年获国务院政府特殊津贴。目前担任中国勘察设计协会、湖南省建设厅、长沙市规划委员会等职能部门专家，作为湖南省学术带头人为推动湖南建筑走向全国起到了积极的作用。

常德城头山国家考古遗址公园
注：涂宇浩摄

Q_ 每个建筑师，都喜欢旅行，每次旅行中可以发现许多异地的建筑师有着各种各样的创作思路，可以激发新的创作灵感。那么首先想请问罗总的是，关于您对建筑的理解旅行有着怎么样深刻的影响和启示？

A_ 我十几年间去过英国、瑞士、芬兰、丹麦、斯里兰卡等国外一些地方，也去过国内许多地方，每次都有预想不到的收获，旅行的意义在于只有身临其境才能感受到的建筑魅力和人文气息。关于这一点，我首先想到的是台湾，每次在那里听到最多的一个词，是"故事"，容纳人的城市和建筑自然成为承载故事的主体。有一次参观台湾建筑师黄声远的作品——津梅栈道，这简单的说就是一个解决各种因为时间空间以及人的新行为所产生的问题的桥，桥两端的人们来来往往，或交流，或看风景，或相视一笑，其中的空间节点看似简单却妙不可言。我非常认同黄声远的这段话：我们总是在还没想清楚一件事情之前就已经迫不及待地开始，但事实是，从生活细节往上构架的城市规划，才不会让城市一味地膨胀。自由的城市可以让孩子们安全地骑车，而且在其间发生过的故事，以后还会找得到痕迹。这应该就是一个建筑师对于建筑的理解吧。

Q_ 您作为湖南本土建筑师，自然对于本土的建筑创作有自己的体会。您对自己的作品中最有感受的是哪个？

A_ 建筑我觉得应该是一种文化、生活和风格的表达，它常常会在某一个细小的地方打动你，当那种来自内心的情感，被人抽离了一般蓬勃而出的时候，它与你之间便有了默契的秘密，他对于你而言或许便是特别的了。作为本土设计师，从业20多年来做的项目其实非常多，但是谈得上作品的寥寥无几，包括我要讲的这个项目，铜官窑遗址博物馆，也有很多不尽人意的地方，不过可以从中找到我们在这个项目上的一些文化表达。

Q_ 铜官窑遗址在 1972 年和 1983 年两次公布为省级文物保护单位，1983 年公布为重点文物保护单位。是湖南省古遗址中唯一的文物保护单位。铜官窑遗址博物馆项目是一个非常受众人关注的项目，也是许多建筑师梦寐以求的项目，您能分享一下具体的创作过程吗？

A_ 这个项目其实挺有意思的，第一次去现场是一个夏天，在湘江边，在谭家坡壹号原址基地上，管理处的领导说，你们脚下就是千年前的碎瓷片和堆积层啊。那一刻踩着千年前的土地，想象着窑火满天的场景，不得不说有一种创作的欲望。在此之前，我们设想过见到龙窑时的情境，建筑形式是不是应该还原汉唐之风？ 可是接下来关于长沙窑的文化解读，让我们感叹长沙人千年以来包容开放与创新的执着态度。长沙窑的瓷土没有别的地方那么白，纯粹靠传统烧制达不到很好的效果，当时聪明的工匠们把彩绘和诗词融进去，这种真实的生活文化形成了长沙窑独特的气质，产品远销国外。同时堆积层中的满目的陶瓷碎片给与了我们这样的启示，任何器物都是从泥土中来最后又回归到泥土中去，这何尝不是一种自然的生命状态，并且这个创意点与龙窑的形式不谋而合。所以我们当时第一感觉是用了一个从地面渐渐升起的线型的展览流线，暗合龙窑的形式同时也满足了博物馆的基本功能：一个是它的流线非常清晰，再一个就是自始至终的转承启合

体现了一个完整的生命过程。在这线型的建筑中结
合地形在中间构成一个转折，自然形成了一个庭院，
我们在庭院内修建了一个观光梯，其一我们登上去
能够远眺湘江，其二打破常规的行走路线在浏览的
途中有一个缓冲地段，其三这个观光梯是从下沉庭
院底升起的，庭院内墙中还镶嵌着一层层的陶瓷碎
片，这个垂直的主体仿佛龙窑的烟囱，又好似一个
器物从堆积层中获得重生，这许许多多的材料空间
其实都在暗示着一个主题，人的成才成器大抵也是
如此。解读长沙窑文化的时候，我们读到了包容，
开放，创新，也读到了艺术灵感来源于生活的最朴
素的哲学。因此在方案阶段我们没有采用传统的材
料颜色及构造方式，而是大胆地使用了现代手法，
与山，与水遥相呼应。材质上考虑到铜官镇跟丁字
镇距离比较近，我们设想采用丁字镇加工石材的边
角余料来拼接外墙，既环保节材，又自然形成陶瓷
裂纹的效果。遗憾的是由于每个人对于文化的理解
不同，最后的实施方案虽然在平面功能与空间组织
上基本一致，但是跟我们理想的方案还是有较大的
区别。

Q_ 有人说建筑都像建筑师自己孕育的孩子，没能完美实施，
是否会觉得挺遗憾？

A_ 这个项目从 2010 年国际招标到现在已经有六年
的时间了，期间经历了一个相当漫长的过程，没有
完全按照自己的想法实现，当然会觉得遗憾，但是
建筑的实现其实就是与人的相遇，我们建筑师应当
珍惜每一个项目，珍惜每一次的交流，珍惜每一次
的现场把控，这是建筑师对社会的一种责任。

长沙铜官窑遗址博物馆
注：涂宇浩摄

Q_ 进入新千年新的文化滋养开始呈现出多元化状态，使许多建筑师产生"跨界思潮"，其中一个跨界就是建筑师通过以建筑绘本的形式来描述一个城市的历史街区，您是如何看待这个事情的，是否是未来建筑需求的"新蓝海"？

A_ 我认为这个是挺有意义的事情，早些年 BIG 事务所出过一本绘本，用漫画的形式介绍方案，非常有场景带入感，反过来已经建成的建筑用绘本的形式描述出来当然也是非常有趣的，这种记录，特别是对于历史街区的记录，对我们还原老街生活，体现真实的生活场景有对未来研究的历史意义。这种多元化多层次的表达方式其实也特别适合青少年的阅读和理解。 面对太多的电子文件动画视频，很多年以后，也许你更愿意翻出这些纸质的东西，翻开书本闻到书香的那一刻，我总感觉我是在和这本书的作者进行对话。建筑师的责任不应该仅仅是做了多少项目，跑了多少工地，也可以或是应该用不同的方式诠释设计的意义，为后人留下更多的研究素材。

Q_ 其实还有一个建筑项目是让许多人能记忆留心的，那就是在我身边有许多朋友都在谈论这个项目，不知道罗总猜到了没有，就是雅礼中学，记得当时罗总是把这个作品发表到了《建筑技艺》杂志，题目取得非常有新意，空间的游戏，时间来作证——母校雅礼中学教学楼设计散记，深深地感觉到了建筑师对设计自己母校的投入，想必在创作过程中是非常有故事？

A_ 是的，在这个设计中，我对母校倾注了很多情感，母校对于一个人而言，意味着温暖、向上的青春力量。 特别喜欢维朝校长的新年致辞："人生的经历就是这样，在不断的相聚与暂别中越发厚重。相聚时，内心的那束光彼此簇拥，丰富色彩，照亮前路。暂别时，内心的情怀已经充盈，最初的那束光有了共同为之守护的名字。"学校就这样承载了一个人最初的梦想和荣耀。接到设计任务的时候很开心，因为离得近，感情也近，在设计的过程中，我经常在校园里游走，这里的樟树、场地和气息，时常带我回到上学的时光：5层砖红色的建筑，后院有一个大大的园子，男孩子们在那里摔爬滚打，女孩子们在那里掩藏心事。而后的延续，有了那片温暖的文化墙，在仿制的西牌楼的大门下，罗列着让每一个雅礼学子骄傲的名字。设计之始，我们意识到保留原有的建筑格局，让新建筑充满老的情怀显然是最适合的，建筑的空间与品质，色调和内涵与原有建筑也应该有着经典的传承。新与旧只是形式，不是内核，我们渴望做到的是当孩子们回来时，仍然顺着明媚的廊道找得到当年的线索。建筑布局面对广场及运动场一面的改变余地相对较小。因此，我们将主要精力放在解决内部功能及空间关系上。经过反复比较，教学楼采用局部内廊的方式，既留出较大的空间，又在很大程度上避免了教室的相互干扰。利用场地高差关系自然形成室内、室外生动活泼的空间层次。建筑与环境结合紧密，从细微处着手，大大小小的空间自然串起，既像灵动的音符，又像散落的小诗。游走在建筑中，散发出清新、自由奔放的气息，体现雅礼这座百年名校的内在气质。

Q_ 现在越来越多的城市提出了"设计之都"、"文化造城"等相关活动，如深港双年展和北京设计周等活动加强了建筑与艺术的交流和跨界，您认为建筑和艺术应该是怎样一种关系？

A_ 其实建筑本来就是艺术的一种，不过建筑涵盖的内容太广，比如社会的、人文的、地域的或是哲学的。有一次有人问我建筑是什么？我找不到合适的解释，但是在我们大家理解的角度，建筑就是这样一个能够容纳人们在里面生活的空间，不断地与人发生关系，构筑故事。建筑其实跟文学、美术，音乐一样都是一种情感或是生活的表达方式，我们常常需要在技术和艺术之间找一个实现的平衡点。今年北京的设计周开在大栅栏的胡同里，更多开始关注多方面的人的参与，期间不仅仅是设计师，还有民众。这些设计展就像是一个个跨界平台从不同维度给我们提供了建筑设计之外的养分。一个建筑作品的好坏，终究还是来源于创意表达、技术支撑、作品完成度以及给人们带来的直觉感受。

Q_ 随着计算机辅助软件的诞生建筑师有着越来越多的工具从 CAD、3DMAX、SketchUp、Lumion，还有分析建筑热工，光，声等情况的软件 Ecotec 到现在流行的 BIM，这些建筑软件越来越精准化，有时候会影响到建筑师创作设计，建筑是否就是走向技术化了，是否建筑被计算机所束缚？

A_ 我认为计算机辅助软件只是我们的设计工具，就像是过去的一支笔，只不过这个工具越来越丰富而精准，在运用的过程中可能出现以往表达不出的空间图形，比如非线性的建筑设计，就像 50 年前 Peter Cook 建立的建筑电讯小组，当时代表了以 AA 为主导的建筑流派，他们反对传统，反对任何形式上的束缚，提倡自由，对技术保持客观的态度，并直接影响了扎哈，库哈斯，黑川纪章等一整代的建筑师。不论是扎哈的大量非线性的作品问世还是

Peter Cook自己实践的格拉茨美术馆，都体现出他们那一代人几十年前的原创思考，因此建筑设计永远离不开其所想表达的世界观，建筑创作也远不会被计算机束缚。2016年普利茨克奖得主亚历杭德罗·阿拉维纳是一个着眼于公共利益和社会影响的建筑师，"他首倡的协作方式设计创造了具有强大影响力的建筑作品，同时也回应了21世纪的重要挑战。他的建造工程让弱势阶层获得了经济机会，缓和了自然灾害的恶劣影响，降低了能源消耗，并提供了令人舒适的公共空间。富于创新和感召力的他为我们示范了最好的建筑能够怎样改善人们的生活。"这是普奖的评价，同时可以看到建筑设计的关注点永远应该是体现人文的。我期望能够有人提供原创的让人脑洞大开的思路，就像50年前的Peter Cook，或许五十年后才有可能实现，但是可以缓慢影响新的一代人，而不仅仅是依靠高超的技术手段。

Q_1999年由罗宾·威廉斯主演的美国科幻超级经典电影《机器人管家》和2009年一部邓肯·琼斯导演的《月球》两部相距10年的科幻电影都前瞻性地展现了未来智能化的家居服务的终极"人物"——机器人管家，您觉得未来建筑界会有什么变化吗？有具体的发展导向么？

A_ 谈到未来建筑的发展，我觉得跟我们整个社会的进程有很大关系，但对于我个人而言，路易斯·康的建筑总能给人一种难以表达的惊喜和神秘感，这种能够触动心灵的建筑永远是建筑该有的方向。

Q_ 听说您对王澍的作品一直都很关注，他也是中国的第一位普利茨克奖获得者，您觉得他的建筑创作中的独特性从何而

常德城头山国家考古遗址公园鸟瞰
注：涂宇浩摄

来，是否是这种创作思考的独特性最终将他送往国际大师的行列？

A_ 很多年前，看过王澍的《设计的开始》，印象深的不一定是他哪一个建筑，更多的是他关于中国哲学以及中国园林的研习态度，从自家的宅子到象山学院，从宁波博物馆到滕头村案例馆……人们会问，要是，他不生活在杭州，没有那几百多万块老砖老瓦，他还是那个王澍吗？我以为还是的，因为一个人造出来的房子大概反映的是他的思想。建筑师大抵会有两种：比如盖里，将自己的建筑风格贯穿到底，打上深深的个人印记，大到建筑小到家具首饰，都无不体现着张扬的气质；又比如柯布，不同时期的建筑体现着他不同时代的思考方向。在这个层面上，我更喜欢老柯。而王澍，一个把做建筑当做业余爱好的"工匠"，或许带给我们的正是中国哲学中出世的状态，骨子里深刻的中国哲学自然而然带出骨子里非常深刻的中国建筑，他不过是信手拈来了当下的那些砖瓦而已，没有了那些个砖瓦，一定还会有别的东西来阐述他的思想，描绘他瞬间般的诗情画意，不论你是不是喜欢他的建筑，他带来的是自己的思考与表达。常迷惑于心的，不是建筑本身，而是建筑能打动我们的那些个地方，心里足够有的，造房子的时候或许也就有了。

Q_ 随着政府新一轮的建设告一段落，整个建筑行业并不像2000年那样迅速发展，这些青年建筑师除了能继续从事建筑创作设计还能做点别的有趣的事情吗？

A_ 就像你们刚才所提到的，我们建筑师也可以做建筑媒体，设计绘本之类的有意义的事情，甚至去开通一些教育平台，针对那些对建筑感兴趣的孩子进行建筑知识的教育普及。我希望现在的青年建筑师不要因为市场的需求变化不定而放弃自己的兴趣，浪费自己的才华，做一些自己不喜欢的事情。建筑贯穿着我们整个人类历史，建筑师必定是社会中不可或缺的群体。

Q_ 最后您对未来湖湘建筑的发展有什么寄语吗？

A_ 我希望本土的建筑师之间能够加强横向交流，多一些建筑批判，形成良好的学术氛围，给年轻建筑师提供更好的平台土壤，共同把湖南建筑推向全国。也希望各界媒体能够越来越关注我们的城市与建筑，希望有更多的设计周设计展等向市民开放，让更多人了解建筑，爱上我们的城市，爱上我们城市的艺术。

周湘华 |

"寻找自己的初心，寻找自己的原点，寻找我们最初对这个城市的感受。"

湖南省建筑科学研究院副院长、总建筑师、研究员级高级工程师、一级注册建筑师、湖南省优秀勘察设计师、中国建筑师学会会员、湖南省建筑师学会第三届常务理事、湖南省土木建筑学会七届理事会理事、湖南省综合评标专家库评标专家、湖南省新型城镇化标准设计图集编制评审专家库专家、第三届湖南省注册建筑师管理委员会成员、湖南大学及长沙理工大学客座教授。

Q_ 每一位建筑师心中都有一座理想的城市，这座城市可能是现实存在的，也可能是自己的"理想国"，那么理想的城市离不开优美、雅致、趣味的街区，而且这些街区一定是有自己故事的，那就是我们所说的历史街区，接下来请您先聊下历史街区对城市发展的影响吧？

A_ 我在长沙参加过大大小小很多个项目的评审，特别是一些历史街区方面的项目评审，也参加过长沙市规划局组织的多次针对长沙市历史文化特色要如何体现的专家咨询和讨论会议。如何体现长沙特色这也是我们本土设计师最纠结的一个地方，到底长沙的特色是什么？到底有哪些历史街区能代表长沙？我们经常说长沙是山水洲城，但是现代长沙的城市特色几乎是没有的，特别是经过文夕大火之后，长沙的历史文化脉络被毁，历史文化街区的特色随着城市旧城建设逐渐消逝。当然长沙现在也有一些历史街区在建设，如太平街、都正街，也取得了不错的效果，但是比起上海、杭州、成都等这些城市，我们的历史文化街区的建设水平还需要提高，历史街区的文化内涵和吸引力也有待提升。

Q_ 您觉得当前长沙这座城市的历史街区有哪些地方需要提升？可以考虑采取哪些措施？

A_ 就目前而言，我觉得有 3 个比较重要的点。第一点是平衡，要注重处理好历史保护与城市开发之间的平衡关系，既要考虑城市的文化和历史的保护，也要进行城市的开发和更新；第二点是要延续，也就是历史文脉的延续和相关政策的延续性，每一届政府都会对城市开发提出新的亮点和变化，但是我希望对历史文化街区的保护或者改造是一个完整连续的过程；第三点是要激活，历史文化街区不是一个在博物馆的古董，不是虚假的舞台道具与布景，是要跟现代生活相结合的，通过注入新的商业模式和运营模式，通过新的媒介及长期运营提升整个历史街区的活力。

Q_ 当前国内许多青年建筑师通过建筑绘本的形式来表现城市趣味的多元性，您如何看待这一行为？

A_ 我觉得这是非常有创意的想法。我去年看过北京的几个类似项目，觉得非常有意思。这种通过漫画、绘本的方式能让更多的大众来更好地认识和了解我们的城市。现在很多人对自己城市的了解其实并不多。对于像我们这些看着漫画成长的 70 后们，对于绘本有着很深的情结，通过绘本的形式来表现城市、规划和建筑，是非常有意义的事情，传统的刻板无趣的规划方案文本，如果用新的绘本形式演绎，可以呈现出耳目一新的效果，今后绘本也可以用 3D 虚拟现实的形式展示出来。而且以后也可以衍伸到其他形式的产品，比如文创产品或者是游戏开发，让更多的人来使用和了解我们所表达的城市精神特质。通过趣味性、易理解的方式让城市居民了解城市规划设计并积极参与到城市共建、共享、共创的工作。

Q_ 每个建筑师都可以像导演一样去演绎一部巨作；也可以像音乐家一样指挥各种乐器产生不同的音符；也可以像厨师一样去烹饪一道道美食，所以建筑师都是在创作幸福的感觉，如果您变化角色来诠释这三种职业，您如何诠释？

A_ 建筑师就是多角度、多元化、复合化的一类职业，建筑师也因自身经历、个人爱好而有着不同的价值取向。建筑师的作品也不仅仅只是设计城市及建筑，

长沙县浔龙河接待中心
注：何文滔摄

武陵山文化产业园博物馆
注：何文滔摄

未来其实可以更多地参与生活的艺术化工作。当建筑师创作出让体验使用者感动幸福的建筑空间，自己也会有强烈的成就感和幸福感。

影：建筑师的角色就像电影导演，从最开始剧本的选择推敲到演员角色的筛选以及后期的剪辑，场景的组合，背景音乐的气氛烘托，一道道、一层层，反复修改，多人参与，最终呈现在观众眼前的才能是让人欢喜、让人回味无穷的经典梦幻。

声：建筑师也像音乐指挥家，轻重缓急、抑扬顿挫、千回百转，各种声部、乐器、演奏者都需要相互协调配合，当一个演出团队从最开始的杂乱无章到训练有序，声音从无法控制到优美和谐，需要耐心也更需要无止境的重复千百回。

味：建筑师也像厨师，酸、甜、苦、辣、咸，五味杂陈；建设方、施工方、监理方、材料商，你方唱罢我登场，各自调配着不同的味道，建筑师不仅品尝着自己作品生成过程中的各种滋味，更是被"调味"同时也是"被设计"的对象。

Q_ 作为省级大院的总建筑师，相信您的作品数量和质量都是非常高的，能否请您介绍一下自己的创作心得？比如最近做的一个项目？

A_ 那我就介绍一下最近这两年我们为湘西土家族、苗族自治州，州庆所做的湘西武陵山文化产业园项目。湘西在湖南乃至全国都是非常有独特文化的一个地方，我们当时做这个设计的时候做过多轮的方案来考虑怎么表达湘西的文化和文脉。湘西最有特色的是山水，因此我们的创作中融入了对湘西山水特质的表达。整个项目由几栋建筑组成，主要有两部分的功能，一个是博物馆，另一个是非遗馆。博物馆我们表达的是一个沿着山体起伏的巨石的概念，主要是展览我们湘西出土的历史文化器物等古代文物，而非遗馆则展示湘西留存一些非物质文化遗产，强调观众的参与感与互动性。建筑做了两个入口，一个是比较现代化的入口，另一个是比较传统的木质结构入口，寓意历史和未来的连接，而建筑中间我们做了一个中庭，把湘西的自然峡谷风光融入了进去。通过这个项目，有几点体会：1. 建筑师要了解项目所在地域文脉的特点，特别是要挖掘其文化方面的价值。2. 建筑应加强与新技术的结合。如对BIM的运用可以有效地解决复杂体型的高完成度问题。3. 博物馆建筑设计应一开始与内部展陈设计内容相结合。

Q_ 那么在这个项目的设计中，您及您的团队表达的是怎样一种情感？为什么要做成石头状的形态？

A_ 这个项目其实有两个建筑单体，右侧是文化产业园的博物馆、非遗馆，用山石表达历史的厚重，而左侧是文化艺术中心，用曲线的形态表达湘西水的灵韵。我们表达的是对湘西山水地形地貌特质的诠释。我们把博物馆设计成山石形状，就是想把历史文化用一个坚固的"容器"来装载，从而像磐石一样稳固厚重。

Q_ 这个项目对您来说与以往的项目有哪些不同？

A_这个项目的造型相对来说比较复杂，所以我们表达的建筑意象可能会跟其他建筑不一样，同时在建造方面我们也采用了BIM技术，对建筑的体型和空间结构进行分析，将室内、室外、展陈以及今后

的运营通过 BIM 总体综合在一起，希望建筑的完成
度较高，最终能够把我们最初的设计思想贯彻进去。

Q_2013 年三联书店出版一本汉宝德的《如何欣赏建筑》，这本书诠释了大概 20 座让他感动的建筑，由艺术美学的角度审视建筑，发掘建筑的美应该是理性并感性的，是否能请您谈谈建筑与艺术之间联系？

A_ 我们通常说生活即艺术，艺术是生活的高度提炼，从人类解决温饱问题后，建筑已成为艺术与精神生活的容器和载体。我觉得建筑就是艺术中间的一个组成部分，也是艺术非常重要的一个表达形式，建筑通过各种手段把艺术固化。此外，艺术可以给我们建筑师很多的启示，很多艺术创作的天马行空，能够给建筑带来一些新的思路，通过艺术和生活的结合，使建筑能够更好地符合人们对于当下的需求，我希望今后的建筑能够成为一件艺术作品，能够让人看到建筑的光彩和亮点。艺术的表达方式并不一定过于直白，建筑也应该以意境取胜，留有回味和思索的空间。

Q_ 当今建筑与艺术的互动是越来越多了，城市双年展似乎是近来建筑与艺术最火的展览了。2015 双年展将以原始的"采集和狩猎"形式，而不是现代的规划和抽象化，来展示建筑和城市，您是否关注了这届深港双年展，有什么看法呢？对哪个部分印象比较深？

A_ 深港双年展给我印象最深的是活动的开展和组织。展览的场地选在一个老面粉厂，艺术家、建筑师和一些文化创作组织在一起，不仅仅只是在做一个展览，还有很多的活动。比如说我参加的蛇口议事，他们会发一个绘本类的册子，以互联网的思维来增

武陵源游客服务中心
注：周湘华提供

加公众的参与度，有一个展厅里面有很多的盒子，里面有很多的标签，可以供游客写下感受，同时会有一些专家采用圆桌议事的方式进行一个论坛。

Q_ 这届双年展将搜罗可以利用的、来自世界各地的实际项目和片段，建立社会和经济联系，从而打开环绕在我们周围的封闭结构，并提出如何利用现状基础设施共建未来，特别强调了公众的参与度。当中有没有您觉得很有启发性的项目？

A_ 深港双年展的集装箱这个项目给我印象比较深刻，各企业的展馆都利用废弃的集装箱，来做成展馆，这不仅很好地契合了深圳这个港口城市的城市特色，而且也呼应了城市原点的展览主题，体现了再利用、再回收、再循环的概念。集装箱模块化的组合方式也与建筑工业化、可变化产生一定关联，并让人思考建筑是否 不一定与坚固永恒发生联系，而是可以具有临时性、过渡性的。我们今后的一些设计理念可能也能从中吸取一些灵感吧。

Q_ "城市原点"从策展官方的诠释是为如何建设，怎样建设城市，城市为谁而设？它的怎样的过去？现状如何？未来何去何从？您如何埋解城市原点这个概念呢？

A_ 城市原点的概念就是回归吧。他们所说的城市原点实际上就是在寻找自己的初心，寻找自己的原点，寻找我们最初对这个城市的感受。这也是说城市应该为城市的居民服务，在提供更多便捷性的同时，还应该有更可持续、更绿色的发展模式，让城市与乡村关系更和谐，城市人民生活得更美好。

Q_ 城市的现状再利用、再思考和再想象，并开放现有的建筑，具体怎么来理解三种空间之间与城市原点的关系？

A_ 我去参观展览，他们会通过多媒体和绘本的形式

桂阳县全民健身中心
注：何文滔摄

表达一个人在建筑里面的生活状态。再想到我们做建筑设计时，出发点是什么，为什么要做这个设计？这就是我们需要找到和回归的原点，可能以后更多的建筑师会意识到这些吧。建筑师也应具有城市规划的视野和视点，了解熟悉自己生活的城市现状，才能达到回归原点的建筑的目标。

Q_ 那您觉得当今城市建设和建筑创作中应该回归的原点是什么？

A_ 在这些年的城市建设中过度的城市扩张与开发，既忽视自身的历史又没有考虑多少绿色建筑和生态循环。城市最需要的就是绿色食品、新鲜的空气、良好的居住环境，人的基本生存需求和对美的追求，这些就是我们要考虑的原点，任何事物归根到底，当回到最本质的起初应该都会呈现出一个个单纯而又美好的状态。我希望能够通过把这一个个的点连接成一个网络，把我们的城市建设得更美好。

Q_ 渐渐发现许多的建筑设计院开始转型，不论是技术层面还是人事层面，甚至业务多元化层面上都逐渐开始蔓延这种趋势，您所在建科院在转型吗？

A_ 这确实是一个转型和升级的过程，今后的发展可能会突破传统设计院的模式，从而更加突出建筑师自身的特点和作用，而设计院可能会形成产品导向型的、技术导向型的、生产导向型的、产业导向型的和客户导向型的，像扎哈这些明星设计师就会专门去做一些特别有意思的作品，大部分的设计院呢就做生产型的工作，而我们建科院来讲应该是属于技术型的，面对目前整个行业的形式，我们的想法是希望把我们院里面的科研和生产相结合来进行相互的推动。目前项目没有那么急了，我们就有更多的时间来对技术进行突破和创新，设计师也都有更多的时间静下心来进行思考，是不是能够有新的技术、新的发展方向的探索，通过这样一个双螺旋驱动的方式来做，通过我们的科研来形成生产力，再将设计和生产结合在一起来推动发展。

Q_ 最后请您讲一下对青年建筑师的寄语。

A_ 在未来，设计和艺术、设计和生活以及设计的跨界结合会越来越多。也许现在确实是建筑行业的冬天，既然冬天到了，那么春天也就不远了，我希望能尽快迎接建筑行业的春天，也希望现在的年轻人能够投身到现在的变革中间来，加强学习了解中华传统文化并积极探索传统技艺与现代技术结合，设计是一场持续的心灵修行，青年建筑师应保持终身学习，持续不断提升的热情与激情。

叶强 |

"我更愿意把建筑、城市、景观和室内设计看成是广义的设计来做。"

教授、博士生导师。南京大学建筑与城市规划学院理学博士，湖南大学建筑学院景观学系主任、湖南大学设计研究院"境"研究中心主任。全国高等院校风景园林学科专业指导委员会委员，中国风景园林学会理事，湖南省建筑师学会常务理事、副秘书长，湖南省城乡规划学会理事。主要从事城市空间结构与城市设计理论与研究、基于城市视角的建筑与景观规划理论和设计，以及研究生创新教育理论方面的研究。

湘江大道南段滨江风光带景观设计
注: 叶强提供

Q_ 去年杭州市富阳区政府在富阳洞桥镇试点美丽宜居村庄建设，由普利茨克建筑奖得主王澍亲自领衔主持规划设计，同时还发现现在越来越多的国有大院也开始这方面的战略布局，叶教授也是一直致力于中国的乡建模式的研究，2015年7月记得您也发表了一篇 "寄托乡愁的中国乡建模式解析与路径探索"在《地理研究》杂志上，您是否能谈谈您觉得中国乡建的路径应该怎么样展开探索？您是如何关注到这一领域的？

A_ 我从2014年受朋友之邀考察了两个典型的乡建案例后就开始持续关注乡建这个课题，一个是安徽省黟县碧山村的"碧山计划"项目；另一个是河南信阳市平桥区东南部城郊的"郝堂·茶人家"项目。之后，我在《地理研究》杂志上发表了题为"寄托乡愁的中国乡建模式解析与路径探索"的文章，阐述了自己关于中国乡建模式的一些思考。从某种程度上来说，中国城市的规划、设计和建设存在诸多问题，现在，城市建设开始向城市近郊甚至乡村转移，而郊区或乡村无论是环境、空间还是制度与文化比城市更加脆弱，如果将以前城市化模式移植到了乡村，那么乡村建设的结果将是令人深感忧虑的。目前，正在探索中的乡建新模式虽然有值得称道的地方，也有值得商榷之处，但可以肯定的是，好的乡村建设模式不会是一两种，每个省都有自己的文脉特色和风土人情，因此，每个省都应该有立足本土的乡建模式。我个人认为，碧山和郝堂村的乡建模式都有可以借鉴和学习的东西，但从专业的角度也有值得讨论和思考的地方。

Q_ 具体怎么来理解？

A_ 我个人认为乡村建设不是一种简单的规划、建筑或者景观设计项目，更类似一个广义的系统设计，在这个系统里面，我们规划、建筑和景观设计专业人士是有发挥空间的，但是现在因为各种各样的原因介入的人不多，主要的原因是当前的各种机制和体制无法适应乡建的实际需要，光靠义务劳动、扶贫救助和慈善义捐是不可持续的。对于这么大的国家、这么复杂的情况，中国的乡村建应该不会设有一个或几个放之四海皆准的标准。就拿"把农村建设得更像农村"这样的口号，其中对什么是农村，建设成什么样的农村也有很多种理解。我认为乡村建设应该是一种综合社会改革和发展模式，乡村包括了近郊乡村、远郊乡村和包括独立区域的农村等多种类型，每种类型应当采用何种模式需要我们进行大量的长期的探索和总结，应该是由一个团队和全新的机制来打造的，很难由某个个人来主导，现有的大部分体制和机制也难以适应这个改革和发展。

Q_ 碧山村和郝堂村都是在中国城镇化发展中涌现出较好的模式。您是否也展开了一些实际做的乡村项目？

A_ 说理论总是容易的，实践往往与理论和想法有很大的差距。但多样的思路、广泛的讨论和集思广益是解决复杂问题比较好的途径。在思考和学习的同事，我也在寻找和等待机会，希望能进行一些对乡建课题有益的探索和实践。我认为做乡村建设和规划，最重要的是对当前设计、建设、管理等模式进行合法的改革和探索。因为与城市中的规划与设计有很大的不同，乡建更缺乏基础积累、系统更复杂、文化差异更大。

Q_ 我们了解到您的经历，是从建筑学到规划，再到从事景观设计，您是怎么多元化跨学科不断地组合出自己的设计理念？

A_ 所谓的跨学科和多元理念的形成主要是由于生活背景和成长经历原因，并不是我一直就是想去跨学科。我本人本科和研究生是学建筑的，年轻的时候没有人会找你做建筑，倒是有人会找我做一些室内设计项目。当时也觉得挺好，一来室内设计是一个新领域但又与建筑设计紧密相关，另一方面还可以增加一些收入。后来选择去南京大学建筑研究所读了个博士，拿的是人文地理学的博士学位，城市空间结构研究是现在的主要学术研究方向之一。2009年，作为全国创建风景园林一级学科的主要创始人之一，景观规划设计又成为我的另外一个研究方向。这样的成长和学习经历使我有了多学科专业的视角，可以从各个不同的角度去理解和设计城市、建筑和景观。其实，城市中建筑是最主要的景观之一，空间和环境也是景观。所以，现在我更愿意把城市、建筑、景观和室内当成广义的设计项目来做，只是要去分别对待它们的差异和相关性。

Q_ 是否在设计做到一定程度就是共通的了？

A_ 当前，大部分时候已经很难区分哪些是纯粹的纯景观、纯规划，哪些是建筑或者是室内设计项目，并且现在这几个学科的交叉融合程度很高。我虽然学建筑出身，研究的是城市空间结构，但第一个在全国获设计奖的却是景观设计项目，希望以后能够有足够好的运气，也能在建筑和城市设计方面有所收获。我现在有幸获得机会做些小项目，可以从规划

澳优食品与营养研究院
注：涂宇浩摄

一致做到室内，甚至是建造和家具饰品的布置和摆设，从实践的角度来实现广义设计的理念。

Q_ 记得 2015 年叶老师有一条受人关注的新闻，是获得了教育部优秀勘察设计项目优秀园林景观设计类唯一的一等奖。这个项目是湘江大道南段滨江风光带（原火车南站广场、八道煤码头遗址、猴子石桥头公园标段）景观设计，您能否谈谈你在获奖后的思考？

A_ 我觉得我们湖南的设计人应该更多地参与国内外的专业竞争，让更多的人认识和认可湖南的设计。我们在规模上也许很难与发达地区竞争，但可以在局部取得突破，形成自己的特点。这个设计能够获得国家级的一等奖，我认为虽然有运气的成分，但还是有内在的成分和值得自豪的。

Q_ 为什么会有这种想法？您觉得获奖的主要因素在哪？

A_ 因为我做设计的量实在很小，相应地得奖概率也应该会小很多。当时院里要我去报，我觉得得奖的可能性太小，整理资料的难度也很大就不想报，但最后领导觉得应该去争取一下，我也觉得这个项目的设计概念和施工质量都还不错，就克服困难报了，结果运气不错，开玩笑说我总共就报了一次，中奖率 100%。我认为是意外的成分还是大于内在。其实，在项目的设计和施工期间我和我的团队做了大量的工作，大概两天去一次现场，历经酷暑和严寒，长沙的施工队没有做过清水混凝土，我就现场教他们怎么做，我跟施工队的沟通也非常好，帮他们在合同单价范围内提高施工质量和效率。这就是类似现在提出的所谓设计总承包制。

Q_ 叶老师您能否聊聊当年您年近 40 岁，如何有巨大的勇气再去继续攻读博士学位？

A_ 我一生做过很多决定，这些决定的结果大多是有好有坏，不过去南京大学读博士现在看来是一个几乎没有负面结果的决定。我 2002 年重回学校已经 38 岁，这个年纪还去考博士是要一定毅力和勇气的。当时有湖南大学、华南理工和南京大学三个选择，前两个相对容易很多，但我最后还是选择了去尝试最难的。在我去南京大学考博士之前，我还不认识我的导师鲍家声教授，也很担心他要不要我、考不考得上、读不读得出来。考取后又重新过了三年学生生活，在南京住了半年，确实收获很大，感觉非常不一样，这个选择非常值得。

Q_ 您觉得在南大的求学经历最触动您的是什么地方？

A_ 通过在南大的学习，我实现了从社会人向学者的转型。同时，在南大还结识了很多国内外其他各种类型、各个年龄层的学者，这对我帮助也很大。南大的求学对我后来的学术道路影响是非常大的。

Q_ 上面您提到了交流，记得 2013 年您举办了"中德城市与区域空间结构演变的机制与评估"国际研讨会，此次会议应该是一次有影响力的盛会，这说明叶老师经常参与海内外的交流，能否谈谈这些交流对个人发展的影响？

A_ 去国外不管是交流还是游览，对学设计的人来说都是一个必须的经历。这种经历与在国内交流和游览是完全不同的，其中还可以附带提高自己的英语交流和口语水平。应该说在设计领域，国外是领先我们很长一段距离的，尤其是在设计思维和创新能力方面。国际交流也可以扩大我们学术研究的影响力，给学生提供一个更广阔和更高的平台。另外，国

长沙青山铺一方宅
注：涂宇浩摄

际交流的同时可以亲眼看到大师的作品。亲临现场实地才发现很多建筑和我们在书上看到的感受完全不一样，书上的信息比现场感受到的少了很多，这种实地感受非常重要。

Q_ 您有个人喜好的偏向么？

A_ 在设计风格方面我更加喜欢现代主义的东西，特别是北欧的风格。同时，我也很喜欢我们国家悠久的历史和文化，其中的精华实在是不比国外的差，只是我们没有很好地去保护、研究、认识和发掘，但我认为具有中国地域文化内涵的现代风格才是与时代发展相适应、才有持久生命力。

Q_ 您觉得是不是面对面的交流才能体会到信息沟通的完整性和真实感？

A_ 我认为无论人类的科技如何发展，面对面交流依然是人与人之间最高效、最有情也是最有效的。其实现在的信息化技术虽然提供了更便捷的交流手段，但同时也阻碍了人与人之间各种信息传达和交流，从另外一个方面降低了人类信息沟通的效率。我相信人类的科技可以无限发展，但是人类本能的东西并不会随之无限发展和进化。面对面地实地交流，可以更多感知情感和文化的东西，这是微信、QQ 和邮件往来所不能代替的。我现在做的，一是走出去，再者就是请进来，与其他人进行面对面的沟通，效果和感觉都非常好。

Q_ 叶老师作为湖南土生土长的湖湘建筑师，您觉得有些事件对您的职业生涯影响很深？能否介绍下？

A_ 我们这个民族很多东西都在消失，我们很多人不爱也不尊重自己的历史，但却很愿意去爱欧洲和美国的历史。一个人自己都不爱自己的文化，别人怎么可能爱你的文化。湖南大学建筑学院作为湖南历史最老、积淀最深的建筑学堂，应该承担传承历史和建立现代审美的重任。对于传统来说，在我们的成长过程中，我们这个年龄段的老师那一辈人对我们的影响很大，也是非常励志的，体现了很高的师德和教书育人的责任心。

Q_ 这个很多人都有体会。现在的后辈建筑师论知识能力的全面性、基本功的扎实程度已经远远不及老一辈建筑师了。

A_ 我们的老师对建筑和结构都是可以一个人完成的，我们这一辈能把建筑做好已经非常不容易了。我从黄尚炎老师那里学到，施工图不是图画的越多越好，而是越容易让人看懂越好。这些好的传统，都没有传承下来，现在的学生也没有机会学。我们当时跟湖南省建筑设计院的学术方面的联系也非常的密切，湖南省建筑设计院的蒋乾生总建筑师是我的硕士论文的答辩导师。当时我的论文选题是建筑辅助设计，他点评我的答辩时表示并不是很懂我研究的东西，希望我能给他解答一些问题。这么大牌的建筑师却如此谦虚，这也给我们年轻人一个示范。

黄劲 |

"创意和落地，这之间的处理，在于设计师宏观的掌控力。"

毕业于天津大学建筑系建筑学专业，教授级高级工程师，国家一级注册建筑师，湖南省优秀勘察设计师。现任湖南省建筑设计院副总建筑师，中国建筑学会会员，湖南省建筑师学会理事。并担任长沙市规划委员会、湖南省住建厅、长沙市住建委及湖南省综合评标库专家。

Q_ 您作为从事建筑创作多年的职业建筑师，所以我们今天还是想请您谈谈建筑与创作这方面的话题吧，可以先简单介绍一下您的职业经历吧，或者请先从您的一些作品谈起。

A_ 作品也谈不上，有什么聊什么吧。从毕业到现在，26年了一直都在湖南省院做建筑设计工作。刚来的时候是在沿海的分院，到2000年就是院里面的建筑副总工程师，一直从事建筑设计工作。2004年成立了自己工作室，当时以建筑创作为主，通过几年的发展，业务量扩大。扩大后因为一些体制、配合等原因成立综合所，当时叫第六设计所。现在院里通过资源整合，经过一些调整，2013年开始成立建筑二院，规模扩大，专业也齐全了，大概就是这么一个过程。在这过程中以前一直从事建筑设计（创作、施工图、工地服务），从成立工作室后来逐步走向设计管理和对外经营的开拓。

Q_ 您要管理和经营工作室，这对您自己做设计有影响吗？

A_ 做工作室时虽然说以原创为主，但到了设计分院以后，很大一部分精力会用到设计管理上，但是对于我个人一直都对建筑设计很热爱，所以我一直没有放弃。虽然设计团队会浪费一些精力，但是我会一起合作，我更多的是以设计人的身份参与项目。到目前为止，我能说我不遗憾。设计做到一定程度，做更多的也是一件很庆幸的事情。

Q_ 能否讲讲您的职业经历中有没有您印象深刻的人和事吧？

A_ 当时到省院来，我运气比较好，和我的师傅李豫万一起做湖南省邮电指挥中心（位于省政府五一路边上）。那是我当时做的第一个比较大的项目，时间是1990年代初。那时候做设计在方案阶段都是一笔一划用手工做出来的，包括效果图。我们的总建筑师是蒋建生老师，也是我的校友亲自做指导，包括效果图的用色、材质的表现他都是亲力亲为。我记得当时效果图前前后后画了十几张，都是手绘的，裱在很大的图板上。现在的学生都没有那种精力了，都会用辅助工具做的。

Q_ 这种经历对您和后来的职业生涯产生了什么影响吗？

A_ 当时那个项目对我最大帮助就是师徒之间的传承和一些好的习惯，几十年形成质量控制体系的传承等。有一个印象非常深刻例子：当时我画楼梯，老一辈的设计师告诉我楼梯都是用右手扶着扶手上，因为标准层比较多，我一个楼梯画反了，因为是手绘，当时师傅要求我用刀片把流程图刮掉再在上面画，不能重画。这种好的习惯，好的传承对于我们这一辈的建筑师很有帮助。

Q_ 据我们了解，您的手绘非常扎实，好像上一辈建筑师这方面的基础都很好，而年轻一代的建筑师和学生这方面的能力却相对较弱，更依赖于电脑等辅助工具。您怎么看待这种现象？

A_ 手绘我在学校都有一定的基础，自己也比较喜欢。我觉得手绘是作为一个建筑师表达想法和创意的一个很直接手段。我觉得手是和心一起动的，这点上，个人认为现在的学生还是有所缺失的。借用计算机手段，先进的辅助绘图工具，这样就隔了一层，由心到手，再到你的工具，不像以前那样直接，心里想的手上能直接体现出来。当然这是要一定积累才能表现出来。

Q_ 还是回到您的创作上来吧。您工作以来第一个自己能主持的项目是什么？取得了什么成绩？

A_ 我从毕业到现在做了两百多个项目了，而且当年院内培养年轻人的氛围比较好，所以很快（毕业两年多）就能做项目负责人了。项目我不太记得……

Q_ 可以谈谈您的某些创作心得和体会吗？

A_ 我想想，近期有一些项目。我认为一个成熟的设计师必须通过二三十年的磨炼，一定要有一个逐步提炼，提升的过程。我写过一篇关于"容纳"的文章，一个建筑师必须有"容"的品质。"容"体现在两方面：第一个方面在于自身的扩容，就是不断学习，不断扩充自己，提高自己的实力和水平，这是心量的扩大。第二个"容"体现在沟通方面。现在的项目很大，很多由团队完成，甚至是不同单位联合参加，你要学会协调各方面工作，大家的文化习惯有所差异，那么就需要心量，来理解别人。这就是通常说的"情商"。不能看不起别人，也不要有抵触情绪，大家在一个团队里，那就应该发挥各自的长处；"容"还体现在设计的变通。

Q_ 您在实际项目的创作中是如何体现您的这些想法和观点呢？

A_ 我们做省政府第三办公楼，这个项目是园林式开放布局，体现绿色建筑和亲民理念，后来相关领导更喜欢官式建筑，庄重的建筑，所以提出不同看法。当时我们也参观国家级政府项目，拿到指令以后，心想完了，原来的方案要废掉了，要重新做了。但我们也发现一些可以沟通和交流的地方，比如说你需要的庄重氛围可以通过其他手法达到，同时也能保留原来的开放式格局和绿色建筑理念。所以我们

美的城
注：黄劲提供

不断和领导沟通，达到了想要的效果。另一个印象深刻的项目是湖南省圣经学院和基督教大教堂，这个项目共做了5年时间，马上要竣工了。提到大教堂，一般人会联想到欧美的传统教堂，业主方也是这样思考的，但是这种方案在现代很难达到理想效果。所以我们构思了另一种解读方式：通过"诺亚方舟"心理感受的解读，对教堂做了新的诠释。最后我们的方案因其仪式感等优势，使业主方认同了这个方案。当然也有遗憾，因为资金问题降低了高度，改变了材质等等。

Q_ 除了"容"，您觉得建筑师还要具备什么其他方面的素质吗？

A_ 除了"容"的问题，我认为作为一名建筑师，要面对不同的领域。因为建筑学是一个界面模糊的专业，它不是纯粹的艺术，也不是纯粹的工程项目。所以跨界的知识面的伸展对于建筑学工作者很重要。并且现在资讯也很容易获得。包括我自己，也到实地建筑去观察，这样更好体会实在的空间。

Q_ 谈到跨界，面对当前一些建筑师的跨界设计，我想问您觉得建筑师应该跨界吗？

A_ 如果把建筑设计当成一个严谨的工程设计，我觉得应该把更多精力放在本专业上。因为它是一个将建起来的工程，它是理性而严谨的。但是对于自身的扩展，对艺术的热爱，对自身其他素质的提高，我倒觉得跨界设计是件很好的事情，对于我们的建筑创作也是很好的事情。

Q_ 作为湖湘本土建筑师，您对于湖湘建筑，有何理解？

A_ 以前我个人认为建筑与地域特点有关，后来我觉得单独去提湖湘文化好像没有渊源。其实湖南身在楚地，楚文化相比而言恢弘大气，它的历史可考性会大一些，也形成自身体系。如果让湖湘文化和楚文化并列相提的话，湖湘文化可能在物质考证方面缺乏一些东西包括建筑、生活习惯方面等等。我没有明显感受到湖湘文化，它不像徽派建筑那样特点明显，它加入了很多外来文化，并且流传至今。提到湖湘文化，我们可能联想到湘西少数民族的东西。作为研究来说，像湖大的柳肃教授，他们在研究和发扬光大这些东西。我自己谈不了太多这方面的东西。

Q_ 您提到了相比外面单位自己对本地情况更了解，那么这方面的优势体现在哪？

A_ 这只是一方面，因为我们做了十几年了，对于商业的策划和设计，动线的分布有自己的一套完整体系，包括我们院做的商业综合体课题，一系列市场调研和在此之上的定位，包括规划设计，建筑设计，这是整套体系，不单纯是建筑师想怎么做就怎么做。做设计时，我们把自己当作一个策划公司，这样更有利于和业主的沟通交流，谈论的话题也在一个层次上，而不是被当作一个绘图工具：你要求我做什么，我就做什么。

Q_ 这也反映了大院面对市场所做的调整。

A_ 是的，因为设计市场一直都是竞争比较激烈，我们商业综合体的开发方面，很久以前就在积累经验。刚开始与顶级商业设计公司（KPF 等）竞争，他们有一套完整的理论，有充足的经验，我们与他们无法站在同一个起跑线上，差距很大。但通过多年项目的积累，也包括和他们的合作，我们发现里面的门道，也基本能符合业主方的要求，做出符合他们期望的设计作品，这是个过程。

Q_ 设计生涯中理想和现实的平衡，比如去说服甲方一些东西。在这些过程中，你们是怎么来解决的？

A_ 其实这是两个问题。第一个问题是如何与甲方进行畅通的交流。我们不能把自己的想法强加给甲方，因为现在业主的素质都比较高了，甲方有很多需求是心理上的，用他们的语言无法完整表达他的想法。这时候就需要设计师的情商和灵活的沟通方式了，引导业主说出他真实的意图，再将你的思想与他找到平衡点，这样两方的思想结合在一起是最好的。不是所有的东西都是设计者说了算，因为评判方是使用者。另外就是设计者希望做出这样的作品，但是因为市场限制，设计者没有时间精力达到要求，那么我只能说：慢慢来，不要着急。设计里能够融入自己的设计亮点就是成功的，不见得整个建筑都要按照设计者的思路。当有一天你的掌控能力足够强，技术方面和沟通方面的掌控能力达到一定程度，这件事就容易实现了。所以主要在于"掌控力"，包括项目落地前，过于关注规范要求可能会制约你的思维和创意发挥，但是那个时候你要在大局上对于所有可能发生的事情，原则上把控住，而不会说这个设计概念很好，可落地时实施不了，这时就失去了设计师的掌控力。所以说"创意"和"落地"，这之间的处理，在于设计师宏观的掌控力。

联发半岛酒店
注：黄劲提供

向显军 |

"传统建筑我现在总结就是要把握三点，一个是体量，一个是比例，一个是细部。"

湖南省建筑设计院副总建筑师、建筑三院院长、

高级工程师、国家一级注册建筑师、湖南省建筑

师学会常务理事

开福寺整体鸟瞰效果图
注：向显军提供

Q_ 您作为咱们湖湘建筑界一位资深的职业建筑师，多年来一直从事传统建筑文化在现代建筑上的实践研究，今天我们想请您谈一谈您多年来积累的创作体会和想法。我们知道您在省院完成过很多有影响力的项目，可以说是一位多产的建筑师，今天的访谈不如由您结合您的项目来说道说道？首先我们想向您提问的是，您觉得最有体会的是哪个项目？是张家界的天子阁吗？

A_ 因为机缘巧合，我们院里要完成张家界天子山上的天子阁的投标，那时候我还年轻，院里把投标项目分配给我，要我来完成，因为时间很短，只有一个礼拜的时间就要交标了，我效果图都没做，就画了一个平面，一个立面，结果送上去在十个单位当中选中了我的方案。我这个方案中标的原因就是我把湘西本土的建筑元素，融入到了中国传统楼阁形制中，感觉这个建筑很有特色，一看就和其他的方案不一样。其他的方案我也看过，大部分是把我国现存楼阁拨高一点或增减几层，或平面放大等手法，没有什么新意。因为这个建筑有它自身的特色，扎根在它自身的文化土壤里面，中标后这个建筑设计也基本上是我独立完成的，完成后感觉效果还可以。

Q_ 是不是这个项目对您产生了积极的影响？算得上是您的一个机遇吗？

A_ 以前我们院做过一些古建筑，但我感觉那些年（指1980年代）真正产生良好社会影响的并不多，我做了这个项目后，黄龙洞项目就不招标了，就直接委托给我做，后来我在张家界也做过一些。从那以后，我就感觉我对传统建筑有兴趣，也有信心。我原来是搞风景园林的，后来我就不搞了，我就跟我的领导说我还是搞建筑，因为我美术基础还可以，就改建筑了，当然大部分还是现代建筑。但是一旦有传统建筑，院里基本上都会安排我来做。当时我感觉我们院里有个断层，我的前辈们做古建筑的基本上都退休了，比我略年长的老建筑师做古建筑的几乎没有，所以那时候我感觉还是碰到了机遇，后来通过项目我就抓住了机遇。

Q_ 比如哪些项目？

A_ 比如说接下的第二个影响比较大的项目就是"刘少奇故里工程"，那里面无论大小建筑，甚至是小的门岗、小的休息亭都是我做的。那是 1995 年年底，当时也是全省几个知名的单位投标，我的方案也是脱颖而出，毫无争议地中了标，专家对这个方案评价还可以。这些年又接着做了二期、三期，直到现在有些事情甲方还是信任我。从这几期项目来看他们之所以信任我，因为本身我对少奇同志一生很了解，对花明楼这些地方建筑比较熟悉，换一个人做对这些建筑符号及建筑文化可能不太了解，就还要深入研究，有些建筑符号可能对不上，所以就总选择我做设计。也有可能我最初接触这个项目的时候领导觉得这个地方人气不旺，没几个游客，通过我一搞完这个规划建筑，后来这个地方就火了，领导就慢慢相信我。湖南省城乡规划学会还给我发了一个历史文化保护的职务和聘书，我感觉到人们对传统建筑文化的魅力有了新的认识，也应该回归到传统文化的原点上来。

Q_ 您是怎样走到设计传统建筑之路上来的？您对于传统建

筑的设计的看法是怎样的？

A_ 我走上传统建筑设计之路，一是机遇，二是兴趣。以前，各种类型建筑见得很多，看上去没什么太大的视觉触动，但是现在的情况似乎走向了另外一个阶段，全国各地到处都是历史文化名村，前段时间我们去湘西沅陵县，那里也在大搞古镇建设，我感觉虽然大家对这个事情趋之若鹜，但是做得好的不多。老百姓的鉴赏力可能有局限性，但是从我们做专业建筑设计的来看，就应该知道哪些好哪些不好，分清为什么好与不好。普通游客可能看不懂，看不出门道，他们只看热闹，但他们一看到这个建筑和别的建筑不一样，有特点，有欣赏价值，内心愉悦，知道这是我们中国本土的东西，说明他们还是有一定鉴赏力。所以说我觉得中国传统文化的魅力，当代老百姓还是很愿意接受的。

Q_ 您为什么会对这种传统的东西有如此热衷和专注呢？什么地方影响的您？

A_ 我那时候之所以对这个东西感兴趣，感觉到那时候在湖南来讲传统建筑领域研究还存在很大的空白，很多地方没有人去研究和重视，我很想在这方面做些尝试。湖南的传统建筑我接触算比较早的，像岳阳的张谷英村，我是 1990 年代初就去了。那里刚开始很原汁原味，现在搞旅游开发破坏变得不伦不类了。还有湘西湘南的一些古村落，都保存得很好，也是 1990 年代我去看过。我就感觉这么好的东西没有人去研究它去保护它，当时我就想寻找到这样的研究机会，后来也确实碰到这样的机会。比如说岳阳市文昌阁，那时候虽然做的不是很好，但也是我

万楼
注：向显军提供

早期做的项目之一。

Q_ 再讲一讲开福寺这个项目吧？这个项目也是非常有影响力和值得讨论的。

A_2000 年以后我做了开福寺项目，原有的开福寺规模小，建筑风格都是湖湘风格，建筑符号有湖南的马头墙等细部元素。现在要扩大规模，要建一座 98 米高的塔，还要做一个大殿，像这样的大建筑如果完全用我们湖湘风格去演绎它可能会显得很小气，因为湖南传统民居体量都比较小，不如官式建筑大气，没有粗大的斗栱，没有厚重的屋面，很少彩绘，显得不那么大气。所以我做开福寺的时候就想着怎么把湖湘的小建筑和中国的大建筑融合在一起，这些事情我一直都在思考。湖南历史上遗存至现在的建筑都不大，但业主想把这个建筑建高一点，做成标志性建筑。我觉得开福寺这组建筑不能是简单的复制再造，既不能把湖南以外的建筑搬到这里，也不能把我们湖南本土的建筑简单的放大，我觉得传承湖湘建筑的同时还要有一点创新的思想在里面，一定要结合环境，结合建筑的体量处理好细部设计。

Q_ 那么您讲一讲您自己觉得非常满意的一个项目吧，不一定局限于湖南地区，并介绍一下创作心得。

A_2008 年我在湖北宜都市做了一个合江楼，面临长江，那个地方是一个陡坡，建筑不大，从江面上看这个建筑需要很气派，否则与宽阔的江面不相称，从临江大道上看又不能太大，因为它离滨江大道很近，所以我结合地形，顺势而建，把建筑在临江一侧做得比较高，做了四层，并沿江面展开；在沿江大道一侧只有三层，相对较矮，这个项目去年获得了湖南省优秀工程设计二等奖，我觉得还是不错的。这个建筑还带点汉代风格，我做这个项目的时候首先肯定不是去找参考资料，而是先对场地进行分析，对它的文化背景进行思考，为什么要做成这种风格呢，因为三国时期刘备和关羽在这里是留下故事的，我就把那个时期的建筑元素在这里体现出来，现在那里已经成为宜都市的一个旅游景点，也成了一个城市的亮点。

Q_ 现代建筑里融合传统的元素本身并不是一件容易的事情，建筑师除了要面对设计上难题，也要面对实施的难度，比如工艺上的，比如不同人的认可度上的，是否很难十分完美地实现建筑师的初衷呢？

A_ 我做了湘潭的万楼，在湘潭市雨湖区临湘江大堤上面。历史上就有这么一个建筑，是八角的，当时只有三层。现在要把它打造成湘潭的历史名片，相当于武汉的黄鹤楼一样高，所以我设计时必须传承它的历史，同时也要注入湖南的元素。我们把湖南特有的猫弓背马头墙和如意斗栱这些符号融进去。方案刚出来后，可能领导看不习惯八边形的建筑，要我把平面改成方方正止的，我就改成四边形，建成后还是没有达到我们原来想要的效果，原设计的一些细部还有彩绘都没有施工到位。后来新的领导看了觉得留下了遗憾，要把它弥补上，又要我更改颜色、细部，这个建筑在湘潭影响还是蛮大的。

戴飞 |

"建筑是实践科学,不同人有不同的想法,你去改进,微观的改进。"

1992 毕业于武汉城建学院规建系。现任中建五局建筑设计院院长、总建筑师。主抓方案原创。国家一级注册建筑师,高级工程师。湖南省建筑师学会理事,主持大中型项目七十余项,特别是在教育文化建筑上有深入研究,获得省优秀设计五项,市优秀设计两项。

Q_ 您作为资深的职业建筑师，我们首先想问您的是，作为湖南建筑设计大院的中坚力量，您觉得职业建筑师的培养过程中，现有的培养体系对建筑师有哪些制约？

A_ 职业建筑师的培养有两个过程：在校教育和在职教育。在校教育侧重知识性，理念，而在职教育是个深化的过程。国内的建筑学的在校教育跟实际相差太远，建筑师的知识量是非常大的，除建筑学科的专业知识以外，建筑构造，建筑材料，最新材料，最新应用技术，都全部要掌握的，而目前在职教育也是没有成体系的培养模式。

Q_ 现有的建筑师这个行业不像其他行业"日新月异"变化，它还是非常传统的培养模式，师傅带徒弟式，古今中外都是这个模式，欧美的"现代主义""解构主义"大师们，一直影响日本建筑师到现在的"新陈代谢"学派，等等都是门徒式的发展，你觉得我国建筑师的职业化进程有哪些缺陷，或者说有没有什么变化？

A_ 首先我认为"师徒制"的模式在目前来说是职业建筑师培养的最好的方式了，它能够一对一的解决所有问题，并且让徒弟完成从理论到实践的过程。但是大多数设计单位是无法实施师徒制的，商业化企业运作模式不以培养人为目标，而是完成设计工作为目标。

Q_ 对中国建筑学的教育来说，您有什么看法，或者说有哪些地方可以去改变？

A_ 中国建筑学教育改变比较难，学校的社会实践是到设计院实习，实际上也没有提高动手能力，跟在学校里干的同样是纸上、电脑上的事情，并没有接触到工地。很多老一辈建筑师都是在工地上干过的，

西南文化园
注：涂宇浩摄

就像国外也是很注重这些。对于大多数建筑师而言，只有 10% 是能成为真正的设计师，剩下的 90% 都是技术绘图师。你想成为 10%，光靠努力是不够的，你要去接触实践。做第一栋你知道什么是盖房子，第二栋你会想改变什么，第三栋你才知道你可以掌握些什么。

Q_ 目前大学期间的教育确实过于纸上谈兵了，实践缺乏。

A_ 绝大多数在设计院工作的人，都是有七年的学习经验，七年的时间接触实践的机会也是非常少的。中国教育模式是：把大家聚在一起，老师在讲，底下在记。国内为什么用这种方式，是因为这种方式最快最高效，读完这本书，你就拿到这个学分了。建筑学是实践学科，没有实践，就看不到现场。你只有做，并让它发生，才会知道。国内画图就是做设计，而且现在有一点不太好的地方就是更加强化建筑形式，其实建筑形式只是非常小的一方面，当然这个最容易上手，最容易表达，实际上做建筑是非常漫长的过程。我认为本科读出来只是入个门，包括我做了二十多年，都一直在积累学习。

Q_ 建筑师除了设计能力其实还是需要有比较强的综合能力吧，比如处理工程中各种复杂的矛盾与问题或者其他？

A_ 这是肯定的。举个很常见的问题，我做设计做了二十多年了，常常充斥耳边的是建筑师抱怨大量改图的声音。其实如果你不想花心思的话，就会一直很被动。甲方是希望你能给他指导，如果你不能给他指导的话，你就只能按照他的思想一步步往下面走，或者让设计师成为他的绘图工具。一旦能跟他们思想进行沟通后，能够指导他，或者你们的思想能够共同往前走的话，这样做出的东西会比较好，也会减少改图的工作量。从我们单位的设计模式看，第一轮是非常有激情的方案，到后面就进入了一种循环模式——甲方想怎么样，建筑师就改成怎么样，在这个过程中就已经丧失了激情。我们不应该把责任都推给甲方，其实，还是要从自己找原因。

Q_ 再谈谈建筑创作方面吧。在设计院里，项目肯定不少，那么在您的创作过程中您怎么样去做设计决策，其中可能包括场地、理念、脉络等要素的组合，您一般是怎么入手的？

A_ 很多设计师的入手点是平面功能和建筑形式，其实建筑的入手点是非常多的，比如你想建造一栋房子，你想象的有白色的墙面，院子里有颗大大的苹果树，你可以舒适地坐在苹果树下享受着生活中闲暇的时光。那这个想象就可以作为入手点，设计是可以实现你的想象的。而这样的入手点，平面功能和建筑形式就已经弱化了。

Q_ 您能结合您的作品再具体谈谈吗？

A_ 例如周南中学是以打造现代校园气氛和仪式感为切入点进行设计的；贺龙体育中心火炬台更注重的是形式感以及与体育中心的外观呼应；西湖文化公园创意文化街切入点是大地景观以及商业人流的把控；湖南省老干部活动中心综合楼关注的是对原有环境和空间的尊重。

Q_ 每位建筑师在长期创作之后，都会有自我突破的过程，有可能就像武侠小说里面描述的那种场景，功力需要一步步升级，您觉得自己在建筑创作时出现的最大挑战是什么？

A_ 我认为最大的困难是我自己。在长期创作之后，更多的是需要一个内观的过程，需要不断地学习提

长丰行政中心
注：燕飞提供

升充实自己，但是在现在的工作节奏中，往往没有足够的时间来做到。

Q_这里还想跟您探讨一个比较新的话题，即目前大型建筑设计院转型一项最重要的业务 EPC。但是 EPC对于工程实施过程参与程度、控制力度是否可靠还有争议，也有较大的财务风险。它与传统的建设模式区别比较大，传统行业的业主是否会难以理解和配合承包商的工作？

A_现在还是传统体系来做 EPC，是不匹配的，修改也是很慢的，对于 EPC有很大的阻力，主要还是落地非常困难。但是我觉得 EPC是个很好的东西，至少是可以尝试的，业主只需要提最直观的东西，由设计师全程把握这个东西，从规模到具体细节实施，由设计来掌控。EPC比传统模式来说要好，建筑师作为工程负责人比现在的传统模式下会思考更多。

Q_最后请以您自己的经历和感受来谈，对于您的创作作品，您是怎么样去把控落地的？

A_这是一种博弈，或者折中。你在做建筑的时候就不断跟甲方博弈，在施工的时候还要跟施工单位进行博弈，但这不一定是坏事情，有时候你会发现这样做是有道理的，首先你不要去排斥。对于原则性的问题，就是进行博弈或者使用一些技巧比如沟通技巧，设计技巧。建筑、景观、室内是一个整体的，但有时很难做到一起，我们会要求把景观、工程都一起做下来，就能更好的把握一些。这个过程中，把控是很费时间跟精力的，这是很漫长的过程。

明华小学
注：易锦田摄

王小保 |

"随着城市的规范，个人觉得景观设计行业实质上
需要更多的是一种理性思考。"

毕业于同济大学，教授级高级工程师，高级园林
工程师，湖南省建筑设计院景观设计研究中心主
任，湖南省照明学会会长，湖南省设计艺术家协
会副主席，湖南省美术家协会理事，湖南省农业
大学客座教授；湖南省师范大学客座教授兼硕士
生导师；2007 年长沙市学术带头人。

Q_ 近年来随着城市容量不断扩张，带动整个设计行业繁荣发展，那么景观设计行业是如何快速地适应这种发展趋势？

A_ 就现在来说，我觉得原来刚开始属于一个被动式发展，因为城市扩张过程是从大的几个倍数去往上飞增，实际上我们现在的环境容量已经面临许多的挑战，就我们现在所看到的情况是城市所带来的污染问题，还有城市里很多荒漠化的问题，再有就是城市带来的大量的废弃地；因为它在城市发展开发的过程中是带有一种自发性的行为。那么随着城市的规范，个人觉得景观设计行业实质上需要更多的是一种理性思考，在我们现阶段城市发展的过程中，第一，从被动式发展过程中需要把它的很多问题分化成很多类别；比方说风光带类、小区类、道路类，还有就是包括城市公共广场类等等。它可以通过很多类型去对城市进行一些设计工作。但是我觉得在未来城市发展中，光有这种类别的设计工作也会对城市的设计带来很多的弊端，比如在规划里，原有的城市绿地需要重新再整理，而城市边缘的地方往往会变成废弃地和垃圾地，还有就是城市中心的一些共管却又都不管的公共区域，则会逐渐变成一个大的垃圾场。还有一些问题是我们在城市化的过程中缺乏一种系统处理，而在快速城市化的发展过程中需要对规划有系统性思维来实行对城市的设计工作，像我们在做的浏阳风光带。我们首先通过一种先进的规划理念，把一些零散的、小型的绿地圈起来，构成一个大的绿地系统；第二，把所有的廊道、游道通过绿地系统把它们串联起来，以解决城市的公共需求；第三，把城市的重点、亮点结合城市的特征来实现一个深度利用，尤其对城市的区域性调研工作会更加系统。所以在未来城市发展过程中非常需要一种系统性思维。

Q_ 每个人的心目中都有一个世外桃源的居所，但是设计师和艺术家肯定对这个居所会有特别高的要求。而且在 2000 年钱学森老师提出了山水城市这个概念；山水城市是从中国传统的山水自然观、天人合一哲学的基础上提出的一个对未来城市的构想。您作为有着丰富积累的景观设计师，您如何去定义您心目中的山水城市。

A_ 山水城市的核心其实是人与自然的关系，山水城市事实上是一种特定的城市发展格局。在我们古代的大部分城市都是倚水而居，依水发展；这是人与水、城市与水关系之间的重要的依据；但是在依水而居的过程中也会破坏原有的自然资源。当我们的城市容量和环境忍耐度匹配时，它是一个良性的发展，如果城市容量超过忍耐度，就是一个破坏性发展。所以目前我们对于山水城市的理解显得更加迫切而且很有必要。世外桃源的构建构想与山水城市这两个概念有相互兼容的地方，但是还有一些地方是相较于大和小的区别。世外桃源更加注重环境与和谐社会的关系，人与环境，人与社会的一个最和谐的状态；就是这样一个世外桃源。山水城市则是要保护好我们现有的山和水，有序地建设好我们的城市。这个观念还是我们的钱学森老师高瞻远瞩。现阶段这个观念放到长沙身上来说就是山水洲城的概念，我们未来的发展应该是怎样保护好这个山，如何处理好我们与水的关系，如何建设好我们的城市，这是个引人深省，需要不断推敲的过程。目前我们对环境这块的理解，一个是现阶段所提倡的生态城市，另一个是海滨城市的理念，再加上现在的双休双补，实际上这所有的目的都是为了建设好山水城市。国家意识到并着重这一方面是非常重要的一点。

Q_ 关于您原来一个访谈，我们看到之前您在古典与现代之间的游园惊梦这个话题上做了深入的解答，随着时间推移，如今您对于古典园林的融入当时的中国文化和天人合一的景观的看法还和当时一样的吗？

A_ 古典跟现代之间的游园惊梦实际上是一个我们不得不面对的问题，目前我们在渐渐丧失中国古典园林的这个文化土壤，如今更多的只会留存于我们的非物质文化遗产保护的项目里，就像苏州园林，一些我们的古民居，古村落都有我们中国古典园林意境之美。但是回到现在来说，我们的城市不论是从规模还是发展的尺度，以及很多对于现代化城市生活的需求，跟我们传统的认知和审美还是差别比较大。但是文化这个东西就是我们的内在一种品质，是我们长久以来沉淀下来的精品，它是存在于我们的内心。中国人之所以不同于其他民族就是因为我们这份文化的底蕴让我们显得如此不同。在虚化的情怀注入下，我们在听游园惊梦，听很多的传统和经典，学很多的传统经典的内容。但是我们更多的是面对现代城市的发展，用新的视觉和观念去发掘传统跟现代的共通性，强调人跟自然的和谐，也就是我们所说的天人合一。包括它的美学也是在影响我们现阶段如何去处理我们城市的山，水，城市的边界还有人跟自然的一种尺度，这都是我们现阶段所要去面对的。我觉得传统的东西是我们所依恋的

巴溪洲
注：王小保提供

一个文化内衬，但是我们更多的是要对现在城市的建设有更多深入的思考，让这个城市焕发出更有魅力的一个面，更多地去强调人跟自然的一个高度和谐。

Q_ 您作为湖湘建筑设计行业的领军人物，作为研究生导师在师大带研究生，您觉得目前景观界的教育领域的创新中，国内最大的弊端是什么？作为一个职业景观设计师应该怎样去改善？

A_ 首先我个人觉得把风景园林变为一个独立学科是国家教育方面进步的一个象征，它不再去过分强调GDP而更加关注环境和老百姓的个人生活；对于学科而言这也是一个必由之路，因为它牵扯到我们城市的发展，牵扯到我们生存的环境，牵扯到我们与大自然如何相处、共融。这不只是简单的栽树做绿化而已。风景园林是一个大的学科，它通过对自然状态的分析提出的一种科学分析方法，最终实现包括生态学，环境学，工程学，甚至是艺术等各种很多门类的多学科的一个系统。所以风景园林变为一个学科是一个非常自然的过程。其实很多欧美国家已经远远走在我们的前面了。在带学生中间也面临一些困惑；在风景园林这一块其实各个学校的认识是不同的；每个学校它配备的师资，它的教材，认知态度和关注点都不一样，所以带来了像景观、环艺等很多的专业；首先带来的困惑就是学科方向性的问题，其次就是我们现在教学体系的发展情况还是存在一些问题，需要改革。像风景园林是一门应用性学科，它就更要强调在自然方面与产、学、研方面完美的结合。它需要的是一个对自然的了解，而不是说只是学会了一套科学分析方法，或者是画一些线条，画一些分区，去制造一些我们认为是很美的东西。在自然美之间，我们一定要对它有一定的认识和把握，再通过对自然的认识和把握，来对它提出更好的逻辑和框架，而不能完全停留在图纸上。我们现在很多的教育体系还是只注重理论的培育，而对实践、考察和制作模型方面还是有所缺乏的。而学科建设方面在现阶段也是处于一种比较迷茫的状态。

Q_ 关于长沙的园林史，我们也是了解到您在当时在湖湘地区编著了一套有代表性的学术成果，当时是一个怎样的契机促使这本学术成果的完成。

A_ 长沙园林史其实是当时的建设部想编纂一部近代的园林史，长沙园林史也就是在编纂近代园林史时顺便把长沙园林史提出来，而且我们也对它进行了系统的整理，并且现阶段还在继续。我觉得编长沙园林史是非常有意义和价值的，对于这门学科来说不了解各区的发展就没有发展、没有未来。长沙园林史在整个湖湘文化里也是非常重要的一个部分。比方说长沙园林里的书院园林，它是非常典型的，因为这一块保存得比较好，也具有典型代表意义。长沙园林在湖湘文化的格局里，给湖湘文化产生了很多的实体经济。其中现在我们看到的很多地名，像韭菜园、荷花池都是当时的园林的名字，包括左宗棠、曾国藩等等方面。但是在湖南相对来说我们研究的方面，湖南的长沙园林还是有它自己的非典型性特征；不论园子大小，它都会有自己的一个菜园子，而且还很注重山水环境的一个格局。这个方面主要跟湖南的自然地理、人文以及湖湘文化有着非常重要的渊源。我觉得我们研究的长沙园林史，仅仅是个开端，我们还会继续，将来可能还会在长沙复原一部分老的园林，这是对我们长沙历史文化名城一个最好的贡献。

Q_ 我们了解到2003年左岸春天那个楼盘在当时来说做的非常不错，现在来看那个楼盘的品质在当年也是一个非常有代表性的，在长沙居住区也是实质上不可磨灭的。然后从小区的一个景观扩展到长沙的湘江风光带，再到巴溪洲等等大型的省内有影响力的代表景观，您是如何一步一步从小尺度景观到如今把握大尺度景观；在这种创作中面临什么样的困难与挑战；您是如何解答这种多元的难题？

A_ 在做这个的过程中，把一些很多我认为是高造价的做法，比方说湘江风光带我们前前后后总共做了七八段，从原有的老的防洪堤的环境改造，让它更加便民，增加一些服务设施，形成一个供老百姓活动的场所。第二代产品就注意了防洪堤和城市之间的关系；新建的交通关系，完善的公共安全和更好的服务设施。以及人的各种活动的尺度与湘江的关系。第三代产品就是更加强调城市的品质和品位，在每个段落里很强调段落的总体感和段落之间的差异化，除了与城市之间的共生的关系这个总体关系外，还有效地整合了废弃地、闲置地，形成一个大的系统，还有就是增设很多设施来完善、增补城市的不足处。所以风光带的第三代更加强调它的一个生态、文化、艺术，突出城市拥有的个性。实际上我们也在慢慢过渡到做第四代产品，它就更加强调有机、生态环保，整个城市的总体均衡和城市的系统化。

Q_ 您最近在思考什么问题，下一步有什么计划？

A_ 现在的项目是越做越多，也越做越大。现在我首先思考更多的是一种社会责任感，因为很多城市的景观系统是一张城市最好的名片，所以对于我们来说要对社会保持一种很强的责任感和责任心，包括文化建设，包括生态还有就是城市的一些修补等等方面，这都是现阶段需要思考的问题。还有一个就是在建设过程中强调环境跟城市的互动关系，比方说对城市改造，唤醒这个城市的新的形态和魅力。通过不同的类型去思考不同层面的一个城市所需要的东西。下一步的计划我觉得我们在强调生产的过程中也做研究工作；景观本身就分不同方面，有些是项目上的事，有些是系统上的事；我们现在也在做大量的研究工作，比方说之前的海滨城市；加上现在很多的小城城镇化；还有就是污水处理、土壤处理，包括向政府提出来双休双补等等方面，就是更加强调系统性研究，为下一步工作提供好的方向和参考。

巴溪洲
注：王小保提供

卢健松 |

"善待居民自发的更新改造行为，合理的经济技术
扶持，有利于历史地段的自主更新。"

湖南大学建筑学院建筑系系主任、教授、博士生
导师，清华大学建筑学博士，清华大学哲学博士
后。研究方向为建筑地域性、当代城乡住宅发展、
绿色建筑技术整合、建筑设计思维与表达。主持
参与过大量实际工程，在城市设计、旧城改造、
乡村复兴、公共建筑设计等实际工作方面有丰富
的实践经验。

Q_ 卢老师，您好。今天所要谈的题目是"在地营造——复杂制约因素下的地域建筑创作"。地域性作为建筑的基本属性之一，是建筑形态演变过程中与当时当地自然、人文、技术条件相互作用的结果。"在地营造"与建筑地域性的关联是什么。我们为什么要以"在地"涵盖今天的话题呢？

A_ 建筑似乎是一种"植物"，根植大地，不像动物那样可以随意移动，因此，"地域性"是其基本属性之一。建筑和它所处的环境有千丝万缕的联系，因此，无论我们是否强调建筑场所特征与文化特性，从广义上来讲，所有的建筑都是"地域建筑"。但建筑地域性的生成途径与表现特征各异。传统建筑，尤其民居建筑，囿于经济、技术的制约，其形态与所处环境的关联非常密切，因此，具有更加明显的地域特征。这种前现代的地域性是"被动的地域性"。在现代建筑的发展历程中，出于对"国际主义"的反思，1960年代以后，建筑师们开始重视不同地区文化、地形、气候对建筑形态的影响，在建筑创作过程中会主动研究身处不同地区的建筑，其形态如何对外部环境，历史传承形成应答。这种对环境的尊重以及积极应答，是一种"主动的地域性"，是当代建筑师们建筑创作的重要方法之一。今天，我们在这里，以"在地的设计"为题，是想藉此谈谈我们在湖南践行地域建筑创作理论的感触。与"地域性"这个词相比，"在地"更加强调人与大地的关联，而不仅仅是建筑与环境的关联；此外，"在地"有一种脚踏实地的工作感，似乎与我们今天所要讨论的主题更加契合。

Q_ 地域性建筑设计不仅仅是一种策略，更是一种态度。卢老师您是如何结合现有场地特点，材料和施工技术条件，对空间形式，材料及光的把控，完成地域性建筑的呢？

A_我们从事乡村设计与建造过程中积累起来的经验，可以将"在地"融入和"在地"督造来诠释地域主义的建筑设计方法。"在地"融入需要我们对设计场址有更深的理解，在基地所在的城市有一定时间的居住体验。为了达到这一目标，我们会集中精力在一个城市、一个村子做很长时间的工作。我们经常会有好些个项目在相邻的地块之中。这样，我们能真正地实现"在地"融入，而不是以旁观者的姿态介入当地的建设。我们可以慢慢地认知那里的人，熟悉他们的生活方式，感受他们的快乐与困惑；直接面对使用者的需求进行建造，倾听他们的想法，思考他们的需求。不仅是体验场地的空间规律，还可以了解使用者的思维方式，学习以他们的视角来看待建筑与环境的关系。这样是把设计师的专业知识和当地人的梦想结合得最好的途径。"在地"督造是指我们会对重点项目派驻场建筑师蹲守工地，对容易忽略的设计细节，构造节点进行督导，同时也对现场出现的临时问题进行及时处理。我们的团队中，一般是参与设计的建筑师直接蹲守自己的施工工地。这个工作量非常大，非常辛苦。我们希望通过这种方式，确保设计与施工尽可能地衔接流畅，确保工程的完成度。在实践的过程中，我们会感到"督造"这个词可能并不确切。与其说"督造"，不如说是相互的学习。有时候会觉得，我们的收获比付出更多。团队中的成员，有督造经验的，对结构、水暖电的了解都更好；对材料、构造、造

富寨光彩小学
注：卢健松提供

价的把控也更为精准。这些工作方法，对于高校中的人才培养也非常有启发，我们会把经验慢慢融入教学之中，在建筑设计、材料创新等课程中讲授，让更多的同学获益。

Q_ 刚才提到了在乡村的设计与实践。我记得您在2004年在《住区》上发表了"建筑师到农村去"的系列论文。这是较早关注当代乡村住宅建筑的文章之一。乡村的研究与实践经历，对你们的地域建筑性的研究有哪些意义？

A_ 我们在2000年开始关注乡村的发展。在上张庆余老师的"建筑师业务"课程，曾写过一篇很长的课程论文，题目就是"建筑师到农村去"，谈了建筑师研究乡村、服务农民的必要性以及可能的途径，也表达了对乡村发展的一些忧虑。这个课程论文是一个引子，后面10余年之间，我们很多有关建筑地域性的思考都是在与乡村建造相关的研究中展开。乡村建筑的演变，本身会蕴含很质朴的建筑规律，研究乡村建筑能使建筑师看到一些非常本质的东西。湖南的乡村是我们很多建筑学观念的原点。当接受过现代建筑的系统教育，又游历过很多异乡，回过头来观察自己家乡的乡村，会有很多地域性的规律显现。最近比较流行谈论"路上观察学"与"考现学"，认知身边的事务与规律真是地域建筑创作的重要能力。当代中国的农村住宅，在最近三四十年之中，发生了三四轮的自发更替，大量的现象值得考察。Amos Rapoport 有题为"作为风土建筑的自建社区 Spontaneous Settlement As Ve-rnacular Design"的文章中，把贫民窟当成风土建筑的典型；我们也写了"自组织理论视野下当代民居研究范畴

民族团结学校
注：卢健松提供

再界定"。我们把当代农村住宅当成地域建筑的典范，后续开展的"建筑自发性"、"空间自组织与建筑地域性"、"住宅自建体系"、"乡建材料体系"等研究都是在观察农村住宅演化规律上慢慢总结拓展的；我的硕士论文、博士论文、博士后的出站报告，都与当代乡村建筑的研究相关；我们发表的数十篇论文，《建筑学报》、《建筑师》、《住区》上的，很多论题与观点都是和湖南乡村建筑的现象研究缠绕在一起的。

Q_ 随着"乡建热"的兴起，农村建设速度加快，农村居住环境发生改变。建筑师在自己的家乡是否更有创作的基础呢？

A_ 在自己的家乡设计与建造，阐释气候、历史、文化与建筑的关联将更加自信。夏虫不语冰，对建筑师而言也是如此。没有一个寒暑的生活，很难对一个地区的气候特点有完整的认知；此外，没有长期的在地观察，也很难对一个地区的历史文化、空间布局有系统的认知。没有这种系统观，就很难对建筑进行全面的考量。对于青年建筑师而言更是如此。我想，这也是为什么即便在现代建筑语境之下，那些有才华的建筑师仍然会首先在自己的家乡获取养分，完成自己最初的建筑积淀，然后再在世界其他地区继续发展。但长期融入在一定地区从事建筑创作也有很多的难处。例如，如何在熟识环境中处理好传统继承与持续创新之间的平衡，如何让早已熟稔的业主对设计师保持持续的好奇与信心，都是从事在地设计工作过程中需要面临的挑战。

Q_ 在各种情怀推动下、各种形式的"乡建运动"正在各地广泛发生并渐成热潮。您作为建筑师，是如何到农村去的，能谈一下您的团队在乡村的工作经历吗？

A_ 近年当代乡建的实施过程中，站在农民立场上的设计还是太少。通过专门的数据分析，我们发现，大多数乡村建设的案例，是设计师在农村自我意识的实现，并没有反映农村的现实情况与农民的实际需求。这也是我们前面提及的"在地融入"的必要性。2007 年以后，我们逐渐深入乡村开展工作。尽管乡村设计的总量不大，但乡村设计占据了我们的精力不小。建筑师在乡村工作的难度要比想象中的大。物资匮乏、技术简陋、流程松散以及对设计价值的忽视都将是建筑师需要面临的挑战。但是，真正关键的是我们自身知识体系，价值观念的转变。我们需要努力克制自己的建筑师属性，要学习以农户为主体的视野来解决农村人居环境发展的问题。在湖南隆回县做乡村民居改造的时候，我们会和农民接触，了解他家的房有什么需要改进的地方，然后根据习俗去进行修正。我们不是简单地对建筑立面进行描眉画目，而是帮他们完善房屋构造，建厕所，改厨房，提升房屋的舒适度，让偏远地区的农村能在现代建筑的技术条件下，变得更加清洁、卫生、美观。建筑师介入乡村的设计，目前似乎尚无确切的方法，将是一个漫长的过程。我们 2000 年开始起步，虽然历经十余年的时间，但仍然只是一个开始。

民族团结学校
注：卢健松提供

02 建筑遗产侧访

柳肃 |

"每个人对建筑都有着不同的需求，但又彼此相互影响，这也就是那些古建筑、古街道之所以生动的原因。"

博士毕业于日本国立鹿儿岛大学。现任湖南大学建筑学院教授、博士生导师，曾任党委书记兼副院长、岳麓书院首席顾问专家 。

社会任职：中国科学技术史学会建筑史专业委员会主任委员、国家文物局古建筑专家委员会委员、住建部传统村落民居工作委员会委员、中国城市规划学会理事，长期从事古建筑和历史城镇村落修复保护的教学和研究工作。

Q_ 我们常说"酒香不怕巷子深",但目前听起来却显得这样陌生,我们很难在城市中再找到这样的体验,似乎它离我们已经很遥远,只是过去的一个抽象而模糊的故事与记忆,如今很多餐饮都集中在了现代化的购物中心内,亲切的市井气息离我们渐行渐远,对此请问您怎么看?

A_ 一个城市必须有它自己的记忆,这就如同一个人,他的家庭、他自己的一生需要有记忆来承载过去的种种事情一样,如果你只能看到今天新的东西而看不到过去的东西,那么他在精神上是失落的,因为他失去了过去种种生活的体验与感知。城市的记忆也如同一个人的记忆一样,总是有些东西值得人们去回味。老城区的很多小巷子里有其独特的痕迹、独有的建筑并承载着人们的那一段独特的记忆。现在老城区里的老房子或许已经破旧了,但我们仍旧可以将其修好,改善内部的设施,以便更好地使用,如以前开粉馆的仍旧可以继续着他的经营,也许这座小粉馆曾经是几代人的记忆,早晨起来吃一碗米粉已经成了他们难以更改的习惯,成为了他们生活当中的一部分。

Q_ 是否就是常说的市井生活?

A_ 市井气息来源于我们的生活,生活的改变受到很多方面的影响,但曾经的生活却是我们记忆的一个重要的组成部分,这也就是为什么当时堕落街在进行拆除时,学生们是很反对的。对于他们来说,堕落街的拆除意味着他们失去了一个记忆载体,他们曾经在这里娱乐,堕落街的生活已经是大学生活的一部分,而拆除以后,这些记忆却没有了,堕落街的拆除使他们的记忆失去了物质的载体。

宋代古城墙遗址
注：柳肃提供

湖南大学岳麓书院部分建筑、大礼堂修复保护
注：涂宇浩摄

Q_ 生活的承载空间没有了，记忆没法延续下去了。

A_ 建筑是石头的史书，建筑是物质化的存在，它让人们能够看到、摸到、感受到。许多人觉得只要有文字记载就行了，但文字却远没有建筑记载的这么直观，文字再怎么去描述也需要人去想象，而如果没有实体，人们将很难去想象，很难将之与城市特有的记忆对应起来。

Q_ 如今我们看到很多街区的保护项目，如宽窄巷子、新天地等，他们都承接了当年的建筑风貌和空间格局，但总是缺少了些亲切感，我们找不到"遥闻深巷中犬吠"，听不到小贩的叫卖声，像长沙的化龙池、太平街等老街越来越商业化了。这种商业先行方式是值得推崇的吗？

A_ 这是一个保护与开发方式的问题，在目前来说，很多街区的保护项目基本都是采用统一的模式，即商业开发。进行商业开发把老房子修缮好了，但把原来的居民全部迁出，再引进商家进行投资开发。这样的开发方式把原来街区的生活形态全部改变了，原本这里可能就是一个小铺子，只有两三个小桌子摆在里面，然而今天却变成了咖啡馆，桌椅也变成了现代的，即便建筑被保留了下来但这里应有的生活却失去了。

Q_ 您心目中的老街巷的开发与保护应该是怎样的？是否有更好的探索途径和方式？

A_ 世界文化遗产通行的保护方式有两个重要的原则：一是历史的原真性；二是生活的延续性。做到这两点，我们需要政府的介入。处于老街区的人群属于弱势群体，他们没有足够的资金进行维护、修缮和改造，政府可以以扶持当地居民的形式将一定比例资金的投入，当地居民进行余下比例资金的出资，共同把老房子的内部条件与设施进行改善以后，仍然让当地居民居住。如果其愿意居住或者经商的，那么仍然交付其使用，如果他们不愿继续住在这里，则可以进行出租。

Q_ 但是政府在操作某些事情的时候往往为了政绩和效益选择一刀切的处理。

A_ 政府在出售土地时不应当是大块、大面积的、整体的出卖。尤其是地块处于老街区中间时，地块里面很可能有相对具有价值的老建筑。在出售土地时应当做好调查，有古建筑的地方应当保留下来，并采取保护措施。

Q_ 以往政府在城市开发保护的过程中很多都交给开发商来完成，您怎么看？

A_ 目前老城区的街巷以及古建的保护交由开发商来完成并不值得推崇，这应该交给地方政府来完成。在前些年，由于地方政府的资金缺乏，国家是鼓励地方政府与开发商合作开发与运营，最典型的例子是湖南凤凰，开发商购买了使用权之后，因追求商业利益的回报，导致了一系列对古城镇的破坏行为，使得今天的凤凰失去了原有的趣味。所以这些年国家不鼓励这种开发模式了，而近几年则更是禁止开发商来做，规定老城改造必须由地方政府来主导。

Q_ 但是目前国内大肆井喷的新区与之带来的"空城"现象又似乎显得非常讽刺，请问您认为问题的关键在哪？

A_ 我们现阶段大规模的在建造新城，并且产生了"空城"的现象，是因为无序的开发所造成的。在欧洲，几乎所有的城市建设都是采取保护老城区然后在老城区之外建设新城区的方式，是有序、有计划的，并且建立在需求关系之上。以日本为例，日本房地产商采用的做法是告诉你房子的位置在哪，给出不同的房型、套数、价格等，当购房者看好后，再派出建筑师来了解住户的要求，建筑师则会根据主人的家庭需求来进行定制设计，例如家中有几代人、家庭成员有哪些、有无残疾人、户主有无特殊的爱好等等，根据不同的需求来进行设计，确定好后，施工队才会进场施工进行房屋的修建。这是一种刚性需求的房屋买卖，而不是像国内目前房产开发模式是先建设了一大片楼房后再出售，所以这些都是我们值得思考和学习借鉴的，目前国内房地产推动着经济的发展，新城区的建立并没有符合需求关系，大部分的房子是用以投资，所以导致了"空城"现象的产生。

Q_ 如有句话所说的"纽约不是建筑师设计的而是普通人设计的"。我们是否不必刻意去规划一座城，结合长沙的街区现状，在旧城更新保护与新城建设上请问您有什么建议？

A_ 即便在同一个时代，每个人对建筑的要求都不一样，在过去，房子是根据主人自家的兴趣爱好建设的，每个人都有着不同的需求，但又彼此相互影响，这也就是那些古建筑、古街道之所以生动的原因。而我们今天规划的仿古街，如仿唐一条街、仿宋一条街、明清一条街等，规划都是采用了一个模板，统一的风格，导致了今天的街道、城市都是一个样子，丧失了特点和原本的趣味。而如果我们到凤凰、丽江或者平遥真正的老街去看，你会发现每栋建筑都是不一样的，因为每栋建筑都根据户主不同喜好

潮宗街真耶稣教堂
注：涂宇浩摄

和不同的时期来建设的，这样老街的形态就丰富起来了。建筑就是历史，它应该代表的就是这样一个历史，我们今天所说的统一风格事实上是很荒唐的，建筑它应该代表的是各个时代的产物，所以说"纽约不是建筑师设计的而是普通人设计的"，没有规定它去统一风格，统一的一次规划，每个时代有它自己的样式。城市应当是多元的，各个时期的建筑可以并存，个体的特点可以突显，这样才能形成丰富多彩的城市。

Q_ 从2012年开始至今，在中山路与潮宗街之间发现的这段南宋古城墙通过柳教授您的努力，现在仅剩23米被原址保留在了地下，从古城墙发掘出来到现在遗址馆的建成，我们全程记录了它的过程，您作为当时事件的主要经历者，而现在遗址馆也即将面世，对于现在仅存下来的这段城墙它的价值和意义还剩多少，对此想听听您的看法？

A_ 我个人觉得这段留下来的城墙价值已经不大了，当然能留下一个真实古迹也是值得庆幸的。现在保存下来的古城墙样貌已经被破坏，原有的城墙外面是有一两米宽的麻石条，里面是由宋代至明代之间相互叠加建造而成，宋代的城墙用青砖建成，而明代的城墙则用花岗石在宋代城墙之外包砌。几个朝代的历史遗迹清清楚楚地呈现出当年的故事，不同时代的城墙采用了不同的构造方法，体现了各个不同时代的建筑各不相同的特点。除了建筑学的价值之外，这段城墙明显地记录了一段真实的历史。

Q_ 现在保留的这些城墙能反映出那些历史吗？

A_ 在整整齐齐砌筑的宋代城墙之上，明显有一段残破的缺口，缺口之中用不规则的碎砖乱石胡乱砌筑。

显然是发生了攻城战斗，城墙被攻破，仓促之中胡乱修补城墙缺口。据史书记载，宋元之间长沙曾经发生过三次惨烈的城市保卫战，一次是金兵攻城，城墙被攻破，发生了屠城。后两次元军攻城，军民奋起抵抗，城破之时，连老百姓都自杀，极其惨烈。而此次出土的这段城墙就正是这段悲壮历史的真实见证，其历史价值远高于那些后来修得整整齐齐供人参观的城墙。但从现在的情况来看则不是那么回事了，各时代的特征看不出来了，当年战争的痕迹看不见了。

Q_ 离开原址的保护似乎并不是一种好的保护形式。

A_ 这些宝贵的地理信息，是科学研究不可多得的重要依据。必须保护在原址上，才具有科学研究的价值，离开原址，其科学的信息就会丧失，同时也将误导人们的判断与认知并且会扰乱整个科学历史的研究。如这次青少年宫也发现了一段古城墙，是唐朝以前的，说明长沙城在秦汉时期是很小的一个城，到了唐朝的时候往北扩到了今天的潮宗街和今中山路之间的位置，到了宋代就扩到现在的湘春路，这就是这个城市发展的一个标志，你今天只能凭借记忆和地图是写不清楚的，但是你发现了这段城墙就可以明明确确地标示出城市发展的信息，这个价值是没有任何东西可以替代的。

Q_ 有句话说"我们的古建筑曾经是现代建筑，我们的现代建筑以后也可能变成古建筑"，对保留我们是否具有选择性？

A_ 古建筑在它所处的时代就是"现代建筑"，而现代建筑在随着时间的变迁也会变成历史，也就是我们说的古建筑。保护历史遗产是政府的责任，但并不是说所有的老建筑都应该保留，应当是有价值的建筑才进行保留。古建筑是否有保留价值不能仅由建筑学的专家进行单一的判定，应当是各方面的专家进行综合的裁定。

Q_ 最后还想请您谈谈如何理解"城市的生长"。

A_ 城市生长其实就同刚才说的老城区和新城区的关系是一样的，城市生长既要保存历史同时又要生长和发展。历史是什么？昨天就是历史，它是不断向前的，并不是说只有古代才是历史,过去的就是历史，它是一个延续的过程，从古代一直延续到近代延续到今天，所以我们保护历史应该让人看出城市发展的一个脉络。一个城市的生长过程中，应当是有序的向外发展，同时老城区有历史价值的地段和建筑应当保护下来，让人们看到一个城市发展的过程，各个时期不同的风貌都有。如果一个城市只有新的而没有老的，那样的城市是没有味道的。今天的罗马之所以有那么大的魅力，因为它有两千年前的古罗马，有一千年前的中世纪，有五百年前的文艺复兴，有两三百年前的近代一直到现代新的建筑还在不断的出现，那个罗马城就是全世界独一无二的，两千年的历史它都看得到，哪怕是半根柱子或者半堵墙它都留存在那里。历史是一个延续的过程，从古至今都有不可复制的内容。城市应当是历史的记忆，老建筑得以保存，新建筑又得以发生。倘若都是新建筑，则少了历史的沉淀，少了城市独有的特点，也让人无法感受到城市的生长。

秋瑾故居修复
注：柳肃提供

濂溪故里楼田村修复保护
注：柳肃提供

严钧 |

"工业遗产不仅是物质遗产，它也是一个时期工
作、生活在里面或附近的人们的记忆和精神遗
产。"

长沙理工大学建筑学院教授、硕士生导师、原长沙

理工大学建筑与土木学院副院长、长沙理工大学建

筑技术研究所所长。

Q_ 很高兴有机会能与您来讨论有关长沙城市记忆与工业遗产保护这一主题。一开始，我首先最想提到的问题就是您如何看待长沙"城市记忆"与"工业遗产"之间的关系？

A_ 长沙是国家历史文化名城，属于一般史迹型历史文化名城，有着大量的近代文化遗产建筑和记忆，但是公众却很少有关于工业的城市记忆。尽管公众有可能看过"超级男声"在长沙锌厂废旧厂房里做过的节目，有可能知道，可以去裕湘纱厂的大门那儿拍婚纱照，但是这些毕竟只是很少人的记忆。很多人都有着在机关大院或者工厂大院出生、成长的历史，那一座厂子就是他们的童年、少年和青春，本来也可能成为中年、老年和下一代的新的轮回，可是厂子突然垮了。人们还记得的就是在那些老房子里度过的生活，正如《亚洲工业遗产中国台北宣言》里的一段话："工业遗产与百姓生活史、记忆与当地人民的故事及社会变迁密不可分。"工业遗产不仅是物质遗产，它也是一个时期工作、生活在里面或附近的人们的记忆和精神遗产。

Q_ 确实是这样，特别是成长在工厂大院的人们，对工业遗产会有特殊的感情，每个人都会希望去找寻过去的记忆，特别是童年。如果更宏观地看，工业遗产作为工业社会人类社会生活的产物，它具有什么样的历史价值？

A_ 工业革命是人类历史上非常重要的事件，工业革命所释放的伟大力量促进了人类的巨大进步，工业遗产是工业时代人类社会生活的产物，承载着时代的信息，它们是时代的象征。当人们去英国的塞文河谷（Severn Valley），看到那些炼铁作坊、铁路、机器，看到人们在 1779 年用生铁建造的铁桥（Iron

长沙市裕湘纱厂厂房
注：涂宇浩摄

Bridge），会深深体会到：在200多年前人类就开始以机器生产代替手工劳动，征服和使用这种前所未有的伟力，为人类的生存和发展服务，工业革命就是从彼时、彼地开始的。铁桥峡谷（Ironbridge Gorge）是世界上第一例以工业遗产为主题的世界文化遗产，正是这样的工业遗产，承载了工业时代的信息，世界遗产委员会评价是："铁桥峡谷是工业革命的象征，它包含了18世纪推动这一工业区快速发展的所有要素"。

Q_ 每座城市的发展都是由于它的产业得到延续，由工业发展到后来的城市文化自身的形成到被延续，例如在联合国教科文组织公布的世界文化遗产名录中，在19世纪后半叶的百年里发展起来的钢铁重工业基地也榜上有名，它就是位于德国西部的鲁尔工业区。对于城市与建筑，又意味着什么呢？

A_ 对于城市和建筑而言，工业建筑还标志着现代主义建筑的开始。正是在18到19世纪的英国工业厂房的基础上，人们开始了对现代主义的探索（参见《工业建筑：现代建筑的先锋》一文），随后德国的辛克尔等人在德国开始了探索和实践，到德意志制造联盟，贝伦斯、格罗皮乌斯等人的作品被认为是现代主义里程碑式的开山作品（AEG、Fagus等）。工业建筑不仅具备工程技术上的先锋性（包括材料、结构、施工），在美学上（匀质空间美学、机械美学）也有着先锋性，为现代主义建筑的探索和发展奠定了基础，做出巨大的贡献。

Q_ 从历史上来看，中国似乎也非常相似。

A_ 对于中国人而言，工业遗产还记录着民族振兴的信息，19世纪末、20世纪上半叶。我们的先辈心怀"实业救国"、"工业救国"的梦想，开始了救亡图存的探索，推动了工业在中国的起步和发展。裕湘纱厂、长沙锌厂就是这样的工业遗产。

Q_ 对于长沙那些工业遗产具有可研究性和保护性，您能具体举几个例子吗？

A_ 比如裕湘纱厂，大门、办公楼、仓库这一组建筑群保留下来了，大门有着新古典主义的立面和造型，上面的五角星浮雕明显是"文革"时期的影响；办公楼有着殖民地式样的优美长廊，这些都有一定的美学和学术研究的价值。可惜的是原来的有着锯齿形天窗的厂房，很有韵律美，技术上也比较先进，被拆掉了。裕湘纱厂厂区里还有一栋全砖砌体的仓库也被拆掉了，仓库内部空间很动人，砖拱砌筑的波形拱屋顶非常精细，技术含量也很高，估计长沙再也找不到这样漂亮的砖拱屋顶了。还有华昌烟厂，建于 1920 年代末期，体型简洁，清水砖墙，不事雕饰，已有着现代主义建筑早期的感觉了。这些都是很珍贵的建筑标本，具有很高的学术价值，对于研究长沙建筑近代化的发展进程都很有价值，可惜现在只有旧照片供研究了。

Q_ 这些工业遗产的分布具有什么样的特点？

A_ 工厂在近郊呈东南西北的分布，没有形成规模较大的现代意义上的工业区，工业遗产从区到点，从里向外，一点点被蚕食，被挤出去，今天城区的工业遗产尚有残存，呈散布状，与居住商业区域咬合在一起，更北的三汊矶工业建筑尚存，更南的黑石铺工业区尚存，但生存得很艰难。

Q_ 长沙的这些工厂的遗产价值如何？

A_ 长沙工业遗存近代的太少，殖民特征不明显（除了裕湘纱厂），大多数工业遗产 1980、1990 年代还在使用，还在发展，所以"文革"特征也不明显，总体上来说，很难吸引到公众和媒体的注意。目前对长沙工业遗产建筑，在风格和技术上的研究都还很不深入，专业刊物的报道也很少。

Q_ 是否由于城市化进程被破坏的比较多？

A_ 根据现状，长沙工业遗产大概可以划分成三种类型：消失的、被破坏的和基本完整的。2007 年以来我们关注过、观察过长沙的很多工业遗产，发现它们基本上都是被推倒了做房地产开发，这些事大多发生在 2010 年左右，比如华昌烟厂、长沙化工机械厂、长沙二机厂、长沙水暖器材厂等等，这些工业遗产是消失了的。裕湘纱厂这样的属于被破坏了其完整性的，大部分厂区也作为房地产开发。

Q_ 有完整保留下来的吗？从长沙的近代工业发展来看，哪些工业遗产保护具有重大意义？

A_ 幸亏还有基本完整保留下来的，一个是属于更北区域的长沙锌厂一带，包括附近茶子山的天伦造纸厂，尽管只剩下破碎的躯壳，但还算完整，作为创客基地或者房地产开发，可能偏远了一些，但作为近代工业旅游，可能有一定的开发利用价值。另一个是属于更南区域的长沙肉联厂一带，有较多的还在使用的工业厂房，属于活的工业遗产，也有较高的开发利用价值。我们认为，这种活的工业遗产，是一种比较理想的状态。这两个区域的工业遗产保护具有一定的意义。

Q_ "活的工业遗产"更具有生命力。长沙目前也有一些工业

长沙市肉联厂保留的铁轨
注：涂宇浩摄

遗产的保护更新，比如裕湘纱厂、曙光798、万科紫台，用途也是各不相同。

A_ 现在工业遗产保护的更新利用模式很多，我们也结合长沙工业遗产做过一些案例分析。作为政府机构，希望能做商业开发，带动经济发展；作为地产开发商，希望推倒重来，做成住宅小区，尤其是那些黄金地带的老厂房；作为公众，可能更希望做成环境景观，做成公共活动空间，像裕湘纱厂的大门那一带。

Q_ 那您认为理想的工业遗产保护宜采用哪种或者哪些更新利用模式？目前长沙的工业遗产的更新利用状况如何？存在什么问题？

A_ 目前，比较理想的更新利用模式当然是创业基地，做创意产业园，比如北京798、上海8号桥的做法。从实际运行来看，长沙工业遗产的更新利用缺少宏观层面的规划和指导，具体操作的模式中，除了推倒重来以外，目前比较多的有：改造成餐馆、驾校、羽毛球馆、汽修厂来使用，也有做超市、商店的。做法大多比较简陋，呈现出一种临时态势：反正用不了多久就拆迁了。除此之外，或者荒废着，如长沙锌厂；或者自发更新，虽然艰难生存、虽然发展缓慢，但是一直在寻找着生存的出路，如长沙肉联厂。

Q_ 工业遗产的保护更新毕竟也是我们城市记忆传承的重要载体和手段之一。客观地说，长沙作为历史文化名城，工业遗产是否可能发展成为新兴旅游资源，对其他文化遗产形成补充？

A_ 我们认为，作为工业载体的工业遗产，或者说工业遗产建筑本身，其实是次要的，但是它们所承载的时代信息、社会变迁、工作和生活记忆。那些科学技术的发展和过程，那些那个时代的人们艰苦奋斗的精神，那些"工业救国"的梦想和那些有梦想的人，才是我们真正需要传承的城市记忆。长沙的工业遗产可能很难成为新兴旅游资源，但是仍然可以着眼于开发真正的工业旅游，比如我们新兴的先进的机械制造业，像三一重工、中联重科、山河智能、远大等等，这些企业如能面向公众，工业旅游一定能够成为长沙非常优质的新兴工业旅游资源。那是我们将向未来传承的新的城市记忆，这也是我们今天"工业兴国"的新的梦想。

Q_ 什么是风雨桥？湖南风雨桥有些什么样的特色？

A_ 湖南为三湘四水之地，河流众多，桥梁的建造历史悠久。山重水复的地理条件，使得桥梁成为生产生活的必然产物。湖南降水较多，在桥上建廊桥或状如塔式鼓楼的桥亭既可为远路之人遮风避雨，又可以供应茶水让人歇息小憩和观赏江景。这种桥面上盖廊屋，集桥、亭、廊三者为一体的特殊桥梁就是风雨桥，又叫廊桥、亭桥、花桥、福桥、虹桥、蜈蚣桥等。风雨桥是桥梁与建筑的完美结合，有着极高的实用及艺术价值，风雨桥不仅仅起着桥梁的交通作用，同时也是人们交流集会的场所，每一座风雨桥都扮演着多重重要角色：它们既是休憩场所、祭祀宗庙，又是交易市场、娱乐迎宾平台。风雨桥是传统聚落中的地标建筑，精神家园，是团结乡民的纽带，是传播文化的长廊，是人们乡愁的载体。在中国百姓心目中，风雨桥建筑不仅是公共建筑，更是文化图腾。湖南风雨桥具有特有的个性和气质，

长沙市锌厂
注：涂宇浩摄

在布局、选型、用材和装饰等方面有很高的成就，优良的材质和科学的结构使风雨桥数百年长存。无论是结构运用、建筑造型及其自身的文化内涵方面都表现出强烈的多样性和地域性，显示出湖南古代风雨桥造桥工匠的卓越智慧和精湛技艺，体现了湖湘文化独特的历史底蕴。湖南风雨桥建筑表现出强烈的地域性和文化传承。目前存世的尚有 200 多座，湘资沅澧四水均有分布（总数在 239 座左右），主要集中于资水的梅山文化区域（115 座左右）与沅水的湘西南侗族文化区域（90 座左右）。20 世纪中期人们提到风雨桥就认为是侗族风雨桥，其实这种观念是比较片面的。事实上，根据我们的调研，资水流域的汉族风雨桥不仅数量上超过了沅水流域的侗族风雨桥，而且质量上也并不逊色。侗族风雨桥和汉族风雨桥建筑到底存在什么样的关系，需要深入研究，寻找和绘制其可能存在的谱系图。湖南风雨桥建筑在设计上体现出传统民居建筑的影响，很多偏远地区，"旧不与中国通"，其结构古老、构架做法奢华，立面做法极富装饰性和创造性，存在着时间维度上的滞后和空间维度上的隔膜。分析湖南不同的风雨桥类型，总结其规划选址、材料、结构、构造、建造技术、艺术风格上的特点，借鉴闽浙地区在贯木拱廊桥上对于营造技艺建构的尝试，研究总结湖南风雨桥建筑的优秀传统、营造特征等，深入挖掘和提炼湖南风雨桥建筑在营造技艺上的智慧和经验。

益阳市安化县晏家桥
注：严钧提供

03 建筑技术侧访

殷昆仑 |

"建筑师不仅要有良好的学术修养，还要有人文情怀，这样才能提升建筑的品质，才能走得更远，做得更大。"

毕业于湖南大学建筑系，建筑硕士学位。现任湖南省建筑设计院副总建筑师，研究员级高级建筑师，国家一级注册建筑师。中国建筑学会建筑师分会理事，湖南省建筑师学会秘书长，中国绿色建筑与节能委员会委员，湖南省绿色建筑产学研结合创新平台首席专家，湖南省绿色建筑专业委员会主任委员。

Q_ 殷总，您好，很高兴能接受我们的访谈！ 2010 年在攻读博士第二年时第一次参加湖南省建筑师能会，回想起已经 6 年多，有幸认识了您和杨总、贺老师，再次感谢殷总当时能给我们 80 后建筑师一个机会。您担任湖南省建筑学会秘书长这么多年，见证了很多湖湘建筑的大事件，首先想请您给我们谈一下您的一些经历和体会？

A_ 省建筑师学会是湖南省住建厅领导下的一个学术团体，我们这届接手的时候是第三届，第一届的会长是陈大卫先生，第二届会长是巫纪光老师，第三届就是杨瑛大师，前前后后几十年，前面那段时间，我还是新人，也偶尔参加过当时建筑师学会的活动，比如说建筑画的竞赛，青年建筑师作品的竞赛，当时我正在参与张家界机场航站楼的设计，就以这个项目参加了竞赛，并获得了全省青年建筑创作一等奖。

Q_ 有没有一些您觉得印象特别深的经历？

A_ 有一个比较重要的事件，发生在巫老师那届的建筑学会，曾经邀请日本建筑师安藤忠雄到岳麓书院讲学，我也有幸参与了这次活动。我觉得这是湖南建筑界进行中外交流的一件盛事，而且把这样的活动办在岳麓书院，对扩大建筑师学会的社会影响有重要的作用。

Q_ 印象中湖南省建筑师学会的活跃度的频率一直很高，同时记得您这届建筑学会上有一些在湖南地区具影响力的活动交流，您能给我们介绍一下吗？

A_ 我们这一届是 2007 年开始，现在是第四届了，经历了快十年的时间，我们湖南省建筑师学会在省住建厅、湖南省土木建筑学会、各个理事单位及社

荷花机场航站楼，航管楼工程
注：殷昆仑提供

会各界的支持下逐步成为湖南的一个有影响力的学术团体，在湖南的科学技术领域，我们是一支非常活跃的队伍，省科协也把我们作为湖南先进代表的典型推广至全国。我们成立的那一年，邀请了勘察设计大师崔愷、清华大学的李晓东教授、中国建筑学会的秘书长周畅教授，还有北京市建筑设计研究院的执行总建筑师邵韦平先生等参加我们的年会，和湖南本地的建筑学家们一起交流探讨，推动建筑学术的进步，我认为这也是一个里程碑式的事件。

Q_ 您觉得湖南省建筑师学会之所以发展得这么生机勃勃原因是什么？

A_ 我们这些年能坚持下来，离不开各个方面的支持。在"湖南建筑60周年的回顾与展望"的那个年会，我们请到了曾经在湖南工作的蒋虔生先生，是以前湖南省院的总建筑师，还包括我们的名誉理事，像陈大卫老师、巫纪光老师、谭正炎老师等二十多位，都是为湖南建筑行业作出过贡献的老前辈，我们每年举办年会都邀请他们参加，这应该说是一种传承，也是一种责任，当然我们还会一直这么做下去。

Q_ 在我们印象中建筑师学会经常会与地方政府合作办一些活动，您怎么让建筑师学会渗透到社会发展中？

A_ 我们建筑师学会经常发挥专家团队的优势和智慧为政府出谋划策，如当年张剑飞市长希望我们对长沙市的城市建设提出一些专业性的建议，我们在住建委的领导下共同研讨，给政府部门递呈了专家建议书，为政府决策提供了参考。这也是我们身为建筑师的社会责任。我们也邀请了学会中一些资深的专家和学者为省住建厅的领导做了专题的知识讲座，关于建设行业的各个热点和焦点的问题，为政府管理部门普及专业知识，提升领导能力和决策能力，我认为为我们的专家团队起到了很重要的作用。

Q_ 咱们湖湘本土的交流平台很多也是咱们学会搭建的，像每年的建筑学会年会之类的？

A_ 我们有一个"湖南省建筑师学会学术沙龙"，还有一个学会的"设计百家论坛"，都是我们学会的学术交流平台。我们学会也是一个非常开放和包容的学术团体，不仅仅是在建筑学科这个范畴里，还有美术、书画、文学、音乐等各界人士，甚至是民间非物质文化遗产的传承人，都邀请他们来我们学会参加活动，也极大丰富了这个学科的活动。所以我们建筑师学会一直秉承着两点，学术建设的开放包容和服务社会。从 2009 年开始，我们几乎每年都组织建筑师团队到国外进行专业的技术考察，去过瑞士、英国、日本、北欧、希腊等，还有本土的湘南、湘西、湘东等民居专项考察，极大地开拓了建筑师的视野，也拓宽了他们和外部交流的渠道。

Q_ 近几年湖南一些本土建筑师创作的作品也在全国获得了很大的认可，频繁刊登在《建筑学报》、《世界建筑》等有影响力的建筑双年展、报刊、网站，是什么造就了这些湖湘建筑师的影响力？咱们学会在其中做了哪些努力和推动？

A_ 我们的两个学术平台和学术年会所开展的活动，邀请各路专家、学者来进行讲学、交流，我觉得这是一种全面的融合，而且是一种非常开放的学术建设，还有一方面就是为政府、为社会提供力所能及的服务，我们也做了很多工作。我们也深入高校，如湖南大学、中南大学、长沙师范学院等多所高校，与他们联合举办年会，邀请了很多在校的学生参加，也吸收了一些学生作为准会员加入我们学会，给他们一个机会跟我们的建筑师一起去考察，也是力所能及地在培养新人。建筑师学会从 2007 年到现在，我们平均每年组织有十余场活动。我觉得贵在坚持，也离不开各界的支持，当然也希望有你们这些新生力量加入到我们当中来。

Q_ 您觉得学会在推荐湖湘建筑文化的交流和创新方面，还有哪些可探索和开发的领域？

A_ 建筑学会还可以有很多要创新的东西，我们现在也在探索，比如说我们一直想要做一个相关的网站，也在筹备当中，希望今年能够做成，一方面可以扩大学会的影响力，另一方面可以为建筑行业的新人提供一个交流的平台，我们将宣传本省优秀的建筑师，也会推送一些优秀的建筑作品。很多重要的专家学者都在我们建筑师学会这个团体里，这里是精英的聚集地，我们希望在学术领域能够有更大的推动作用，希望能够利用现在的新媒体，让建筑师们都有一个发声的渠道，你们已经在践行这件事了，我觉得很好。

Q_ 对于湖南本土的高校，咱们学会还有哪些可以与之合作的空间？

A_ 一个国家的创新非常重要，与创新同等重要的就是科学普及。我觉得我们还可以做一些科普的工作，像湖大柳肃教授，他是我们学会的主要成员，也是我们邀请得最多的演讲嘉宾之一，他对于历史建筑的保护和城市美学研究，包括日本的传统、现代建筑的讲座，为我们分享了很多的最新信息和他的学

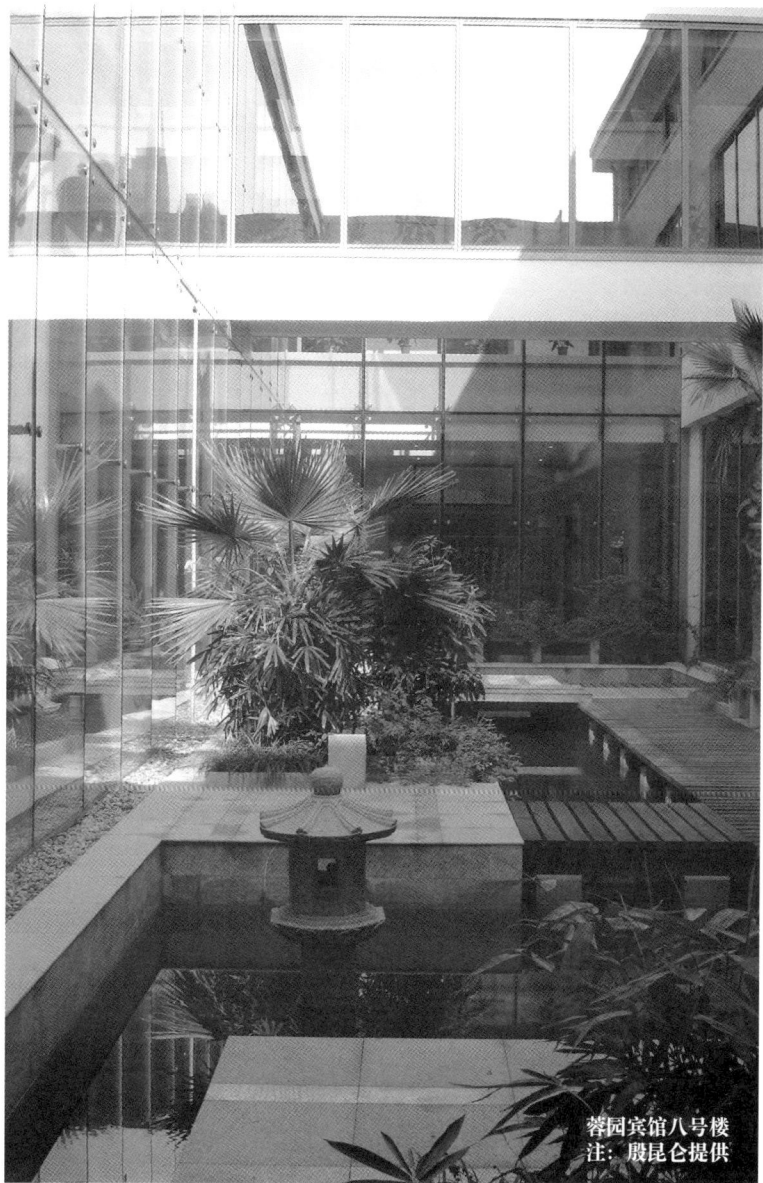

蓉园宾馆八号楼
注：殷昆仑提供

术研究成果，他是非常受欢迎的一位演讲的学者。

魏院长（魏春雨）一直秉持学术建设，学会和湖南大学建筑学院的联合在学术研究和对外交流方面是非常活跃的，我们也做了很多合作和协助工作，能够通过湖南大学建筑学院这个平台和国内高校的建筑学家们甚至是国外的建筑师进行很好的沟通和交流。与设计机构和高校联合一起来办学术，当中的互动也比较多，我觉得这是很好的。

Q_ 再来谈谈您的另一个角色吧。我们知道，您既是学会的秘书长，同时也是一位经验丰富的职业建筑师，请您谈谈这方面的体会吧？有没有对您影响比较深的人？

A_ 我从事建筑设计工作将近三十年，也受老一辈建筑师们的影响，首先得益于在湖南大学学习期间闵玉林老师、巫纪光老师、王小凡老师、魏春雨老师等，受他们的教诲和影响，为自己职业的开展奠定了很好的基础。还有我在省院工作期间，蒋虔生先生等前辈对我的培养。我一直认为省院是一个大熔炉，也是一个大学校。在1970年代前后，由建筑工程部建筑科学研究院和北京工业设计院等单位约300多人下放湖南，当时省院的人才聚集在全国来说是首屈一指的，从新中国成立以来，省级的建筑设计单位这样的人才鼎盛是不多见的，应该说省院人才辈出得益于那个时代的建筑大家们奠定的非常良好的基础。我在这里学到了很多东西，受益匪浅，不光是做学问，还是做人，在品德方面，我们的老一辈建筑师们都给我们树立了典范，他们做学问的那种严谨的治学精神深深地感染了我，我们60后这代建筑师都得益于这些前辈的指引和铺路。我写过一篇文章——《与恩师同行》，以感谢我的师父蒋虔生先生，文中记录了我在他身边工作的点点滴滴，曾发表在了我们院 60 周年的文集上。在我的成长过程中也曾师从张震球先生、叶绪镁先生、蒋大卫先生从事规划设计工作。在建筑学领域，陈大卫先生、谭正炎先生曾给予我许多教诲和指引。还有一位重要的前辈，黄海华先生，他是莫斯科大学毕业的，他工作非常严谨，对设计精益求精，我曾在他的手下工作过，受到很多教诲。应该说在他们老一辈设计师身上，我确实学到很多东西，这是一笔取之不尽用之不竭的精神财富，我将永远铭记在心。他们的学识和品格都是我们省院的无形资产和精神丰碑，以及恒久的发展动力。

Q_ 殷总您除担任许多社会职务之外，同时还担任湖南省建筑设计院的副总建筑师，也一定有许多自己的项目作品，能否谈一谈您深有体会的几个项目？您好像做过非常多的机场项目？

A_ 我在近三十年的工作中，有幸参加过张家界荷花机场的设计，我们参加的是机场航管区的设计，就是除了跑道以外的其他民用建筑都是由我们负责的。当时是由我的师父蒋虔生先生带领我们一同开展这个项目的工作。后来他离开湖南去深圳工作，把这个项目设计总负责人的担子交给我，负责完成了航站区的所有设计工作。当年我们这个项目的设计组获得了湖南省人民政府"优秀设计单位"的嘉奖，这是湖南省院第一次获得省政府为一个设计项目的颁奖。蒋虔生先生在省院期间曾多次带领许多年轻人进行现场设计，我们都得到了非常好的锻炼机会。

今天，省院"师傅带徒弟"这个传统还在践行。注释：蒋虔生先生原湖南省建筑设计院总建筑师，中国建筑创作委员会委员，中国首批特许百名一级注册建筑师，是改革开放初期最早推动中国建筑走出国门的重要建筑师代表和实践者，曾任第七届全国人大代表等职。

Q_ 后来您作为负责人又接着做了长沙的黄花机场航站楼？

A_ 到 1998 年的时候，我们有幸参与到黄花机场 T2 航站楼的工作。前期，在杨瑛总建筑师领导下参加了黄花机场扩建的投标。以前湖南的航站楼都很小，黄花机场航站楼的扩建工程是湖南民航史上的一个里程碑式的事件。从 1996 年开始我们参与了它的前期工作，后来和加拿大 B+H 公司合作，在 1998 年开始了 T2 航站楼的设计，我也有幸担任新航站楼的设计总负责人。建成后，长沙黄花机场的年旅客吞吐量达到了一千万人次，跻身全国先进机场的行列。现在的第三代航站楼有近 30 万平方米，是原来的近十倍，也是我们省院设计的，我作为技术把关参与其中。

Q_ 作为大部分从事建筑师职业的人，能接触到设计机场的项目的人很少，您做完机场设计创作之后有特别的思考和体会吗？

A_ 我有幸参与了湖南两个主要机场的建设，也借着这个机会考察了很多国内外的机场航站楼，我的硕士论文写的是"中小型航站楼的设计研究"，曾获得过全国高校优秀论文的荣誉。巫纪光老师对我的论文是这样评价的：它填补了湖南大学在这个领域的空白。对此我还记忆犹新。机场建设对我的影

黄花机场新航站楼工程
注：殷昆仑提供

响很大，至今我还与民航的管理者们保持良好的关系。从 1990 年代到现在，我的职业生涯中很多时间在和湖南民航打交道，因为还有很多配套设计，如游泳馆、办公楼、宾馆、职工住宅，都是我来做的设计。可以说我是非常幸运的，但没有省院就没有我能够做这样的设计的机遇，没有像蒋先生这样的师父在前面引路，我也没有今天，所以我非常感激我们的前辈给我们搭建了这么好的平台。

Q_ 您是什么时候和杨总一起创建了省院创作工作室的？

A_1999 年的时候，我跟杨瑛总建筑师一起成立了湖南省建筑设计院创作室，当时的五个人，现在院里的都成了技术骨干人物，在外工作的也是这个领域的佼佼者。创作室走过了 17 年的历程，到今天成为设计创作中心，人员规模已扩展到三十多位。当时我作为主任建筑师和部门的负责人，行政方面的日常事务都是由我来负责，协助杨总开展创作室的工作。

Q_ 能谈谈您跟杨总一起进行建筑创作的经历吗？

A_ 当时接触得最多的就是宾馆、文化类的建筑，我记得我们 1999 年刚成立的时候，连续中了三个标，一个是省农业厅的国家果茶良种繁育基地规划设计项目，后来我们设计了两个宾馆和一栋办公楼，也是我在创作实践中的一些探索，其中和杨总合作设计的综合楼获得了省优秀设计一等奖、建设部优秀设计三等奖。还有常德的桃源机场的培训楼，永州的广播电视中心项目。当时连中的这三个标是我们夜以继日地工作，大家都全身心地投入取得的成果。后来还有机场的改扩建项目，如张家界荷花机场的宾馆原来是个招待所,在澧水河边上,改造设计后,我将它的形象称为载着新使命的即将起航的一艘巨轮。2002年我们参加了湘麓山庄的投标,它是长沙市委市政府国家重要来宾的接待基地,在杨总的带领下我们一举中标,接下了这个项目。无论是从总图到单体设计,还是建筑和环境的协调,我都作为主要负责人之一全程参与。湘麓山庄设计建成后得到了各方面很高的评价,它的主宾楼获得了国家优秀设计铜奖,建设部优二等奖。在宾馆类的建筑实践中,我认为湘麓山庄是省院创作室的一个代表作。2004年,我有幸参加了湖南省委的国家重宾接待基地蓉园项目,其早期建筑也是我们院里的老前辈做的设计。我们承担了这个项目的改扩建工程,以及蓉园中整个项目室外的道路、园林、景观的整治规划。作为设计总负责人,我也融入了很多我对湖南地域的理解,包括当时很多新的理念和元素。如八号楼的设计,需要和原有的客房、周边环境结合,我考虑了如何提升客房设计以及营造有特色的会议、餐饮、休闲空间等。在建筑技术方面,我采用了大量的自然采光通风设计,包括高侧窗、顶光、中庭的应用,我觉得这也是我做建筑设计的一个突破。我记得酒店庭院里面9米高的玻璃幕墙,采用了单片4.5米高、1.5米宽的中空玻璃,当时在湖南是很少见的,那个时候我已有了节能设计的意识,我们所有的外围护结构包括门窗设计都是按照节能的标准要求来做的,现在看来还是很有意义的,所以说那栋建筑是有前瞻性的。

Q_18-19世纪英国的风景画造园运动追求"地方精神",应该算是西方早期的地域主义萌芽期，您作为湖湘本土建筑师，在您的作品中是否尝试过在创作中融入湖湘文化的元素？

A_2006、2007年我们承担了张家界大鲵救护中心项目设计，建成了一个大门和一个专家楼，在地域性建筑实践中做了一些新的尝试，我称它为"新湘西建筑"。它有湘西的元素，湘西的文化背景，再用现代的形式去演绎出来。那组建筑得到了有关方面很好的评价，我设计的那个大门被当地称为"湘西第一门"。陈大卫老师看到现场照片后，说我设计得很棒，给了我很大的鼓励。我曾参与或主持过的张家市委市政府办公楼、张家界荷花机场航站楼等，大家看似湘西的，但是又是我们这个时代的。湘西是我建筑梦想的发源地，大鲵项目也让我对湘西有了更新的认识。后来我还做了浏阳华天大酒店（五星级），也是通过国际竞标而中标的项目。这个项目处于峡谷地带，我们就因地制宜，把这个酒店融入到峡谷的环境中去，成为一个和谐的整体。非常可惜的是因为施工过程中的变故，这个酒店没能按照我最初的设计去完成，现在来看这个酒店还是会觉得不尽人意。但是不管怎么样，我做了很多尝试，希望把中国山水画里很诗情画意的那些东西融入到酒店设计里，当时的设计图和建成后相比较是完全不一样的。所以作为建筑师，我们既有很多收获也会有很多无奈，不管怎么说，我们在不断地成长。

Q_您除了许多有影响力的建筑作品之外，还做绿色建筑技术的研究，能讲讲在项目中这方面的研究实践体会吗？

A_在1990年代后期有一个很重要的项目，就是长沙市委市政府新机关大院的规划设计，这是我和王小保先生一起合作完成的。我做规划和总图，他做园林景观，我印象最深的是在市委市政府办公楼的东西两端设计了两条50米宽的绿化带贯通基地南北，也把原有山体保留下来并与其他绿地系统整合在一起。从今天来看，我觉得这是一个有生态环境设计意识的工程。2006年我承接了听泉书院及朱训德美术馆的设计工作。朱训德先生是现任湖南省美协主席，是继齐白石之后湖南最重要的国画大师。这个项目前后跨度有八年，期间我把这个项目的方案设计推倒重来多次。从2009年开始我专注绿色建筑研究，到今天我们即将要实施的项目是完全按照绿色建筑的理念来设计的。听泉书院位于一个三面环水的风景区内，我不下几十次到现场了解环境、认识环境、解读环境，乃至深深地热爱这个场所。把美术馆场所内值得保留的大树及周边环境要素都做了标注，把它测设到地形图上，我就根据这些树和环境来做设计。所以这座美术馆完全融入到环境里去了，这个建筑自然生成有15个庭院，每个庭院都不一样，都是因为这些树和环境的原因，可以说我设计了一个游走在森林中的美术馆。以致在我职业生涯中第一次尝试采用"赋"的形式来写意自己设计的美术馆，用文学的方式来诠释建筑。

Q_ 您觉得作为一个建筑师，他在创作中应该去追求什么？杨总对您产生过什么影响吗？

A_ 作为一个建筑师，像杨总说的，我们没有所谓的跨界，只有能力的大小，能力修为越大就能延伸得越宽广。业无止境，学无止境。我有幸和杨总一起合作八年，后来在建筑师学会，他是理事长，我是秘

听泉书院朱训德美术馆效果图
注：殷昆仑提供

书长，我们的合作一直延续到今天。对我而言，杨总既是学术上的引领者，又是一生的良师益友，这是非常难得的和非常荣幸的，我在杨瑛大师身上学到很多东西，许多方面都让我终身受益。

Q_ 通过研究绿色建筑，您有没有发现什么与以前做设计有不一样的地方？或者说您的设计思维有变化吗？

A_ 研究绿色建筑的这些年，我开阔了视野，拓展了建筑设计的思路。过去我们称为"建筑三原则"的东西仍然是我们的基础，今天我们的视野应该放得更大。建筑师不仅要有良好的学术修养，还要有人文情怀，关注社会、民生，这样才能提升建筑的品质和内涵，才能走得更远，做得更大。我把绿色建筑的研究和我的设计结合起来，这些年我不断地在认识自己，认识这个领域，让自己保持开放的心态，"海纳百川"地汲取各个方面的营养。也通过建筑师学会这个平台接触了各个方面的大家，让我受益匪浅。今天，我仍然在路上，因为专业的发展无止境，学术的建设无止境。

Q_ 近几年湖南绿色建筑的数量和质量都发生很大的变化，人们对绿色建筑的认识也越来越高，能否请您介绍一下湖南绿建平台的发展状况？产生的成果有哪些？

A_ 湖南绿建平台成立六年多了，当时湖南省的工作在全国相对来说不算早。我们从 2009 年开始起步，到 2010 年在湖南省住建厅的领导下成立了"湖南省绿色建筑产学研结合创新平台"，由省院牵头。这个平台发展到目前有十余家单位，有高校、有研究机构、有施工企业、有房地产企业，涵盖了建筑全生命期的相关方面。绿色建筑是我国在建筑节能以后一个重要的转型，从 2004 年开始湖南推行建筑节能工作，到现在应该是说实现了 100% 的建筑节能设计，走过了一段成长的历程。从 2009 年我们编制《湖南省绿色建筑评价标准》开始，到 2010 年在省住建厅的领导下我们成立了产学研平台，集聚了各个方面的科研力量和专家队伍，对本省的绿色建筑标准体系和技术研究开展了一系列的工作，如还编制了《湖南省绿色建筑评价技术细则》、《湖南省绿色建筑设计导则》等，这些都已发布实施。还有《湖南省绿色施工与管理文件》、《湖南省绿色建筑适用技术体系研究》、《湖南省绿色建筑发展研究报告》等。2015 年湖南省绿色建筑总量首次进入全国前十强。湖南绿建平台对湖南绿色建筑的发展起到了重要的推动作用。

Q_ 未来湖南绿建发展的趋势会怎么样？咱们应该追求怎样的目标？

A_ 长沙市连续八年被评为最具幸福感的城市，绿色建筑功不可没。绿色的发展不仅仅是绿色建筑，还包括生态城市、海绵城市、智慧城市理念，和生态文明建设相关的方方面面，下一步我们还要走向乡村。我认为绿色建筑将会更加普及，由浅绿走向深绿。这个过程将体现在社会效益、经济效益和环境效益中，这三个效益相统一就是我们追求的目标。

徐峰 |

"建筑业必然在可持续发展的道路中扮演着重要的
角色。"

湖南大学建筑学院副院长、教授，博士生导师，
湖南大学学术委员会委员，湖南省建筑师学会理
事，湖南省绿色建筑专业委员会副主任委员。研
究方向为绿色建筑设计方法及评价、村镇住宅设
计集成、跨学科的可持续建筑教育研究。

Q_ 近年来绿色建筑已经成为行业内最热点的话题之一，国家和政府也相当重视，出台了大量的政策扶持，建筑的未来走向绿色化似乎是顺理成章。但是也有很多人并不清楚什么是绿色建筑，或者认为绿色建筑就是能节能的建筑。我们知道您多年来一直从事绿色建筑的相关研究，首先想请您聊的是，在您看来绿色建筑与节能建筑的区别在哪里？

> A_ 社会上很多人把绿色建筑和节能建筑混为一谈，但两者既有区别，又有联系。总的来说，绿色建筑包含节能建筑，同时节能又是绿色建筑中最重要的一个部分。节能建筑和绿色建筑从内容、形式到评价指标均不一样。具体来说，节能建筑只要满足建筑节能设计标准这一单项要求即可，而绿色建筑涉及六大方面，涵盖节能、节地、节水、节材、室内环境和运营管理。

Q_ 目前两者也有各自相应的规范和执行标准吧？

> A_ 绿色建筑和节能建筑推行的力度不尽相同，节能建筑执行建筑节能设计标准是强制性的，如果违反则面对相应的处罚；绿色建筑的推行目前仍属于半引导、半强制性质，部分大城市和经济发达地区（如北京市、浙江省）已经开始强制执行绿色建筑设计标准，但其他地区仍处于引导和鼓励业主和开发商满足绿色建筑评价标准要求的阶段。从长期来看，绿色建筑也将和节能建筑一样强制性推行。

Q_ 就您对传统民居、建筑所进行的研究来看，您认为其中有哪些生态技术策略在今天是可以借鉴的？

> A_ 传统民居建筑是在当地气候、资源、生活习惯等条件下经历数千年演变发展而来的；热湿环境、光环境、卫生舒适要求中，传统民居一般重视热湿环境

的改善，光环境、卫生舒适等放在第二位。传统民居建筑受经济条件的制约，多采用低技术生态策略，尤以结合地形地貌的选址、结合院落／天井的空间布局来有效组织遮阳、冬季防风、夏季通风。绿色建筑的实施途径是被动式技术优先、主动式技术优化、可再生能源补充。因此，设计是第一位的，而设备、高新技术是第二位的。直到今天，传统民居中仍有很多可以借鉴的被动式建筑技术，值得当代建筑设计进行参考。

Q_ 生态技术策略也需要在项目上得到实践，近年来我国很多城市都推行了对于绿色建筑的相关补贴政策，鼓励建筑项目结合绿色生态技术。那么我们湖南地区的绿色建筑近几年来的发展情况是怎样的？

A_ 湖南省绿色建筑发展起步较晚，但是行业发展迅速。湖南省绿色建筑是从 2009 年开始起步的，2010 年发布了绿色建筑评价地方标准，2011 年开始实现了绿色建筑标识项目零的突破，随后两年获建设部设计评价标识项目较少，因建设要求高、建筑周期长的特点，绿色建筑发展较为缓慢。其后，随着政府重视和推动力度的加入，绿色理念逐渐为大众所知，开发商也在谋求绿色转型，湖南省绿色建筑进入了快速发展期。从绿色建筑实施项目数量及实施面积来看，目前湖南省绿色建筑发展水平在全国排在第 10 位左右，属于中上水平。

Q_ 目前的湖南地区的绿建项目处于什么水准？

A_ 截至 2015 年底，湖南省已有 126 个项目获得绿色建筑设计标识，1 个项目获得绿色建筑运营标识，累计面积约 1332.894 万平方米。其中居住建筑项目

49个，面积约763.51万平方米；公共建筑项目76个，面积约520.38万平方米；工业建筑项目1个，面积约49万平方米。从星级等级来看，其中一星级项目82个，二星级项目29个，三星级项目15个。

Q_ 在您眼中，湖南有哪些绿建项目做得比较出色？您能简单介绍一下吗？

A_ 在居住建筑项目中，湖南省最早获得绿色建筑设计标识的是湖南保利房地产开发有限公司开发的长沙市保利麓谷林语项目，这个项目虽然只获得了绿色建筑设计标识一星级，但其在合理选用诸多技术的同时，增量成本却几乎没有增加；在近期的居建项目中，长沙万科紫台一期6、12~14号楼、长沙金茂梅溪湖住宅二期25、26号楼以及长沙恒伟西雅韵住宅1~6号楼均获得了绿色建筑设计标识三星级，具有较高的设计和技术应用水平；在公建项目中，长沙绿地中央广场商业（4号楼）、幼儿园（11号楼）属于湖南省最早获得绿色建筑设计标识的公共建筑，同时也是湖南省第一个绿色建筑设计标识三星级的项目。在近期的公建项目中，长沙梅溪湖国际新城研发中心二期11号楼、湖南省建院江雅园办公楼、长沙铜官窑遗址博物馆以及长沙金茂梅溪湖国际广场二期13号楼均获得了绿色建筑设计标识三星级，具有较高的设计和技术应用水平。

Q_ 有没有什么城市区域是相应建设执行比较到位的，可以作为示范的？

A_ 从绿色建筑示范片区来看，长沙市湘江新区梅溪湖国际新城示范效应较为明显。作为国家级绿色低碳示范新城，梅溪湖国际新城整个片区规划新建建筑均为绿色建筑。目前，在湖南省获得绿色建筑设计标识的 126 个项目中，14 个项目位于该区。

Q_ 我们知道您当时也参加了湖南省绿色建筑标准编制，您主要进行了哪些方面的工作？

A_ 自 2009 年以来，在湖南省住房和城乡建设厅建筑节能与科技处的大力推动下，湖南省绿色建筑评价标准的编制工作一直在稳步有序开展。我先后参与了《湖南省绿色建筑评价标准》（2010 版和 2015 版）以及《湖南省绿色建筑评价标准技术细则》的编制工作并负责其中节能与能源利用章节内容。目前，正在参与《湖南省绿色建筑设计标准》的编制工作并负责其中建筑设计和室内环境章节内容。

Q_ 您同时也从事绿色建筑的教学研究，还作为《可持续建筑》系列教材的副主编，能请您谈一谈这套教材当时编写的目的和内容吗？

A_《可持续建筑》系列教材的编制始于 2006 年，全套共有 12 本教材，其中《可持续建筑技术》为"十一五"国家级规划教材，目前全套教材已出版 10 本。作为欧盟 Asia-Link 项目"跨学科的可持续建筑课程与教育体系"的主要成果，这套教材试图构建涉及可持续建筑的各方面的知识体系，包括绿色建筑建筑设计方法、可持续规划方法、绿色施工方法、建筑能源环境适用技术及其模拟技术、室内环境与健康以及可持续的结构、材料和设备系统等。

Q_ 这套教材目前的应用情况如何？

A_ 该教材不仅仅讲述绿色建筑技术、设备和材料的最新成果，而且增加了建筑师和工程师从事绿色建筑设计必须修正的工作模式和流程，从方法上保证他们能够有效利用已有的技术、设备和材料。目前，湖南大学建筑学院和土木工程学院在本科和研究生阶段开设的多门课程，均以该套教材作为教学参考书，湖南省大多数开设有绿色建筑相关课程的高校，也多采用该套教材。

Q_ 绿色建筑的教学研究自然少不了与国外的交流。您过去参与了跨学科的建筑可持续发展课程与教育体系这个欧盟Asia-Link项目课题，经过这个研究您认为中欧在建筑可持续发展的教育上有哪些差距？

A_ 欧盟Asia-Link这个项目课题始于2004年，其主要目的就是帮助中国建立完善的可持续建筑教育的课程体系与教材。从当时的状况看，国内的绿色建筑尚未开展相关工作（中国的第一部《绿色建筑评价标准》于2006年颁布），国内的可持续建筑教育也基本是空白，既无相关课程，也无系统教材。

Q_ 欧洲在这些方面是怎么做的呢？有哪些地方可以值得我们借鉴学习？

A_ 欧洲的可持续建筑研究自20世纪90年代初就已经开始，2000年之后开始设立相关学位并开设相关课程，教材及教学参考书也较为丰富。同时，欧洲的可持续建筑教育较为重视学科的交叉与融合，强调设计模式的改变，模拟、仿真和评价工具的学习以及可持续相关的设备、材料和技术知识的加强。

Q_ 徐老师您还澳洲做访学研究，一定有较多的体会与感受。能否就您访学期间进行的工作，请您谈一谈澳大利亚的绿建发展与我国的差异。

A_ 目前，我在澳大利亚卧龙岗大学可持续建筑研究中心做访问研究，其中一个主题就是中澳绿色建筑发展的比较研究。为了达到 2020 年澳大利亚的温室气体排放量比 2000 年下降 5%–15% 的水平，澳大利亚政府持续推出政策，鼓励企业和家庭减少碳排放。虽然澳大利亚既有建筑的能效水平不见得很高，但政府对新建建筑的要求很严格。从 2000 年开始联邦政府要求政府自建办公建筑必须按照 5 星级标准设计建造，政府租用办公楼也要优先租用达到绿色建筑标准的办公建筑。2010 版澳大利亚建筑规范继续提高建筑在能源效率方面的规定。包括：对于新建居住建筑，应达到 6 星能源评价或者相应水平；对于所有新建商业建筑，应有能源效率方面明显的提高。

Q_ 澳大利亚对于绿色建筑的认定和评价是怎样进行的？

A_ 澳大利亚绿色建筑评价体系主要有"绿色之星"评价系统（Green Star）、澳大利亚全国建成环境评价系统（NABERS）以及建筑可持续性能指标（BASIX）等几种评价系统。"绿色之星"类似于中国的绿色建筑设计标识，澳大利亚全国建成环境评价系统（NABERS）类似于中国的绿色建筑运营标识，是绿色之星评价系统的大力补充，而建筑可持续性能指标（BASIX）是一个基于网络的规划工具，用于评价设计阶段的新建居住区的水资源和能源效率。

Q_ 在绿色建筑的推行方面，政府自然是主导力量。在政府层面上，澳大利亚有些什么特色？

A_ 与中国相比，澳大利亚绿色政策法规更注重政府在各个组织中的参与，尤其制定了政府以身作则的规章制度，同时在绿色建筑教育、科技创新、产品标识等领域均有明确的组织机构和具体的战略目标。在经济激励措施上主要有创立"绿色建筑基金"，对绿色建筑进行减税，"国家太阳能学校项目"以及"可再生能源补贴制度——太阳能热水补贴"等方面，补贴力度很大。

Q_ 在您看来绿色建筑的未来前景如何？对于我国来说，绿色建筑的发展趋势是怎样的？

A_ 近年来，我国绿色建筑发展规模始终保持大幅增长态势，截止到2015年12月31日，全国共评出3979项绿色建筑评价标识项目，总建筑面积达到4.6亿平方米。各级地方政府也纷纷制定推动政策，部分省份甚至将发展绿色建筑提升至法律层面，绿色建筑发展达到了新的高度。2015年5月5日，《中共中央国务院关于加快推进生态文明建设的意见》发布，文件强调生态文明建设是中国特色社会主义事业的重要内容，要坚持把绿色发展、循环发展、低碳发展作为基本途径，要大力推进绿色城镇化，强化城镇化过程中的节能理念，大力发展绿色建筑，推进绿色生态城区建设。绿色建筑作为促进生态文明建设的重要手段，未来必将能取得更大的进步与发展。

Q_ 那么您认为未来的绿色建筑会朝着哪些方向发展呢？

A_ 未来的绿色建筑将在以下几个方面大力发展：在政策方面，将逐步制定绿色建筑上位法，完善绿色建筑推广机制，制定绿色建筑奖励政策，制定绿色建筑产业化政策；在管理方面，将加强绿色建筑全寿命周期的闭合式管理，加快绿色建筑运营标识的引导与推进，重视绿色建筑与生态城市、智慧城城

市及海绵城市的对接、延伸,加强绿色建筑行业监管;
在相关技术方面,建筑自然采光与通风、建筑外遮阳、
建筑外围护结构保温隔热技术、屋顶绿化与垂直绿
化、雨水收集利用、太阳能光伏光热系统、复层绿化、
乡土植物等技术将进一步发展。

Q_ 会对其他行业有影响吗? 对于哪些行业来说, 会带来机
遇?

A_ 在绿色建筑相关领域——绿色建材、绿色建筑施
工、运营管理等也将平行发展。而既有建筑节能改造、
可再生能源建筑规模化应用、公共建筑监管体系建
设、住宅部品化和装饰部品化以及建筑废弃物资源
化利用等也将逐步成绿色建筑未来发展的重点。

刘宏成 |

"我们这些建筑师应利用现代技术把传统材料，民族性格融合到建筑中去。"

毕业于哈尔滨建筑工程学院，原湖南大学建筑学院建筑技术研究中心主任。主要研究方向是建筑节能优化设计、建筑节能标准与适用技术、低能耗建筑设计、绿色、生态建筑技术与设计。担任课程有建筑节能、房屋建筑学、建筑构造、毕业设计、南方建筑节能新技术。

Q_ 您多年来一直从事建筑节能方面的研究，所以我们今天想请您畅快地谈一谈这方面的话题。首先我们想知道的是，室外热环境其实对建筑节能来说也是影响巨大。最近城市热岛效应越来越受到关注，我们了解到您对这方面也有研究，您是怎么关注到这一领域的？

A_ 湖南地区的热岛效应差不多也是我近年来比较关注的一个事情。为什么关注这个事情呢？当时我记得是在 2004 年的时候，长沙市气象站实测最高气温已经达到 40.6℃，那时候已经超过了长沙市气象台现有气象资料中的历史最高气温了。当时我记得市区实际最高气温则高达 42℃~43℃，而地表温度甚至高达 61℃，走在大街上感觉地上的那种热气都往裤腿上冒。气温升高导致我们的建筑里的室内热环境不停恶化，空调用电量增加。我看的一份资料里面就显示，长沙市用电量每年增长 20% 左右，用电总量已占到全省用电量的 20% 以上，而我们长沙市的用电量的增加更主要的是以城区为主。

Q_ 能否谈谈咱长沙地区的热岛效应的基本状况？

A_ 当时我为了搞清楚长沙市热岛效应的基本情况，带着我的几个研究生分别在长沙市的星沙、丝茅冲、省委、杨家山和东塘这几处布置了测试点，每隔一小时连续观测记录该点的气温和湿度。后来从我们得出的数据里面发现长沙确实是存在热岛效应的，它的平均强度最大出现在秋冬季 10 月~12 月，长沙受城市热岛效应影响，其强度夏冬大，春秋小，尤其是早春 3 月最小。

Q_ 那么对城市的生活环境影响如何？

A_ 由于热岛效应的影响，使长沙市夏季更热，建筑室内热环境也跟着会进一步恶化，空调耗电量增加。有时候我在想这个热岛效应不仅仅使得建筑耗能很剧烈，同时城区气温长期比郊区要高，平时在静风状态下，形成由郊外吹向市中心的局域风，使迁建到了郊区排放有害气体的企业，反过来对城区产生新的污染，造成我们这个城市的大气质量的下降。

Q_ 以湖南的气候状况，住宅节能目前的状况如何？存在什么问题？

A_ 我们湖南属于夏热冬冷地区，由于该地区特殊的气候环境和地理条件，我们做住宅设计的时候要兼顾冬季保温和夏季隔热。但是我发现长沙市传统住宅的冬夏季热环境状况均不理想，现在大多居民在冬天普遍采用空调或者电暖设备来改善冬季的室内环境。传统住宅围护结构保温隔热性能并不是很好，这些年来我们的建筑能耗急剧增长。所以节能住宅热环境的改善效果还需要我们进一步研究。

Q_ 您觉得湖南地区推行住宅节能的前景如何？

A_ 当时我们统计过一个数字，2002 年湖南新建的城镇住宅建筑面积已经有 2802 万平方米了。如果现在在每年新建的城镇住宅建筑中全部使用节能住宅的话，一年可至少可以节电 574 亿千瓦时，可以节约标准煤 23.55 万吨，一年可减少燃煤发电所带来的各种污染物排放量更是很可观的。所以在湖南全面推广节能住宅对于湖南地区节约能源、保护环境将会起到重要的作用。

Q_ 那么您觉得建筑公共空间如何跟节能技术相结合？例如中庭空间？能否结合您的实际项目来解释？

A_ 我们之前做过一个五一路与芙蓉路交会处的芙蓉

广场的项目。芙蓉商业广场整座建筑埋于地下，共三层，中庭位于建筑的中部，是商场唯一突出地面的部分，广场顶部是不锈钢网架半球形结构。这个商场中庭受到太阳直射，整个室温过高，使用空调后作用也不明显，所以业主就委托我们对中庭进行热环境测试和改造。后来我们调查了一下，发现整个商场中庭空气温度明显高于广场的其他部位，并且温度分层现象明显。我们认为造成这种现象的原因是顶部弧形阳光板天窗透光率过高，大量太阳辐射直接进入室内，并转化为辐射热。由于商场是地下建筑，通风条件不好，中庭废热空气就在这里面集聚，这个地方空调位置设置也不对，冷热空气混流在中庭，这样热空气就往下沉。

Q_ 您是如何来处理这一难题的？

A_ 对于中庭的节能改造我们考虑改造的重点主要有两个，一个是减少透过天窗进入中庭的太阳光，还有一个是改变中庭的通风方式。我们当时想利用热压作用把废热空气直接排出，但由于这个穹顶造型已经受到了长沙人民的认可，所以只能在室内增加遮阳设施。我们采用了双层透明蓝色反射隔热板，可把大部分太阳辐射反射到室外，同时利用错位布置的双层隔热板两面的温度梯度可以形成热压，并将热空气从网架顶部开设大概 6 米直径的圆形通风口直接排出，这样就形成了较好的室内外景观效果。我们那时候还给通风口精心设计了圆形的吊顶和金属防雨板。就这样通过工程改造以后，室内空气温度和黑球温度明显下降了，相对湿度也增大许多，整个建筑内外通风稳定，达到设计要求。业主对我们改造方案的降温效果和艺术效果非常满意。

Q_ 以您的观点来看，咱们湖南地区现在必须大力推行建筑节能技术吗？对于湖南地区来说，您认为最适宜推行的建筑节能技术是什么？

A_ 说到建筑节能技术，我觉得不得不先讲一下湖南的气候条件。湖南是夏热冬冷地区典型省份，最热月平均气温将近三十摄氏度，极端最高气温更是达到过四十几度。面对如此的气候条件，湖南过去常用檐口出挑、木百叶、窗格、"走马廊"等遮阳方式来减少太阳对墙面、窗户的辐射，来达到营造良好夏季室内热环境的效果。但经济在发展，空调这些制冷技术越来越成熟，现在人们改善建筑的室内热环境就越来越多地使用空调。同时，新材料和新技术带来的现代建筑革命和现在的很多建筑师对建筑造型、空间等的过度追求，让建筑遮阳越来越少。这些问题就不断地让居住建筑室内热环境恶化，夏天的空调能耗也是不停地增加。

Q_ 您前面提到了室内热环境和建筑遮阳，您在这方面有些什么研究吗？

A_ 现在我在关注湖南居住建筑是否有必要设置遮阳。遮阳方式有内遮阳和外遮阳，但是两者的性能有多大差异呢？以前我带着我的学生通过研究湖南省几种遮阳的隔热效果，希望能给以后建筑设计做些参考。当时为了研究这些问题，我们选了湖南大学一个学生宿舍，现在是叫学生十四宿舍，这个宿舍比较老，现在看来基本上没有采用什么节能措施。我的学生们那时候测试了内遮阳、外遮阳、阳台遮阳的房间室内温度，进行对比，分析了不同遮阳方式的遮阳性能差异。

Q_ 有些什么有意思的发现吗？

A_ 后来我们就发现外遮阳还是比内遮阳效果好，阳台遮阳效果介于内外遮阳之间。我们分析觉得原因主要是外遮阳把太阳辐射挡在外面了，而内遮阳由于热辐射已经透过玻璃进入室内，形成了那个热量出不去，有点像一个蒸笼一样，温度还是会更高一些的。所以我们当时的结论就是在同样的情况下，室内的温度外遮阳低于阳台遮阳低于内遮阳。

Q_ 那么对于建筑遮阳来说，还是适宜采用外遮阳的方式会比较有效果？

A_ 夏天我们住的这些房子外窗采用外遮阳会比内遮阳好很多，同时阳台遮阳也是一种很好的遮阳方式，它的遮阳效果好于内遮阳，但是还是不如外遮阳。还有自然通风对我们的室内温度影响很大，想办法让房子通风还是很能改善夏天屋里热环境的。当年赖特和柯布也都用过很多遮阳方式，当时赖特做的罗比住宅就用了挑檐，之后柯布在玻璃的外侧加上水平板、垂直板还有格栅板，来阻止阳光直接照射在隔热效果差的玻璃上。所以很多建筑大师的经典建筑中都有遮阳板，并不是单纯为了造型而省去很多必要的配置。

Q_ 按道理说建筑技术应该是越来越进步，目前建筑遮阳有些什么新的技术吗？

A_ 现在技术也越来越成熟了，建筑遮阳系统也有了新的发展趋势。比如说遮阳设计的复合化以及智能化，现在有的建筑安装了时间控制器来储存了太阳升降过程的记录，来进一步自动控制遮阳帘的高度或遮阳板角度，让我们的房间不被阳光照得太热。比如德国柏林议会的新穹顶的遮阳叶板就是由计算机控制的，它可以随太阳的移动来移动。

Q_ 那我们国家本身的情况呢？以我们的国情来讲，建筑遮阳技术的发展方向如何？

A_ 实事求是地讲，我们不能盲目地向西方发达国家看齐，真正的自动化、智能化的遮阳设备目前只能出现在如香港、上海等发达地区的一些资金宽裕的重要建筑中。在一般的住宅和民用建筑中，还不能普及推广。我们现有的物力、财力和科技实力决定了我国在建筑遮阳领域的研究中，以遮阳构配件专业化、产品化为主要发展方向。

Q_ 除了技术性，建筑师在考虑建筑遮阳设计时还应该考虑哪些方面的因素？

A_ 我觉得遮阳设计还应该体现出地方性与文化性。我们这些建筑师应利用现代技术把传统材料、民族性格这些地方性的因素融合到遮阳设计理念中，好的遮阳设计应能集中体现民族文化特色。这样来实现现代建筑地区化和乡土建筑的现代化，从而推动世界建筑的多样性。

Q_ 请您谈一谈您做的校园绿色建筑实践吧？

A_ 我记得那是 2015 年，距离现在没有多久，当时我在湖南做的一个项目获得国家二星级绿色建筑认证。这个项目地点是在湘潭市的湖南城建职业技术学院校园内，大楼主要作为教学、学习和体验的基地，占地面积大概约 17000 多平方米，做完以后的建筑面积大概有 3 万多平方米。我们做的方案里面有主楼和副楼，主楼 8 层，副楼 6 层。教学大楼主要由实习实训、普通教学、教师办公及产业研发和技术服务办公这几个功能组成的,建完以后成了他们学院标志性建筑之一,我也是感到很荣幸的。

Q_ 这个项目采用哪些绿色节能技术呢?

A_ 我们这个项目按照咱们国家绿色建筑二星级标准进行设计,我们在设计之初结合了湘潭地区的气候特征,还有建筑能耗的特点,当时整合了同气候区成熟的一些绿色技术,比如说低能耗的围护结构,多样化的遮阳系统,自然通风与天然采光、雨水收集,还有再生水循环利用这些主要技术措施。

Q_ 能具体解释这几项技术是怎么应用的吗?

A_ 比如当时我们设计南向幕墙遮阳的时候考虑到南向玻璃幕墙差不多占到建筑立面的15%。为满足幕墙遮阳的需要,我们不仅设置了水平和垂直方向的固定遮阳板,在整个大楼的玻璃选取上选用了传热系数低、可见光透过率较高和反射中远红外线的遮阳型低辐射镀膜中空玻璃,这种玻璃可有效阻挡太阳光中的热辐射进入室内,具有隔热和遮阳的双重功能; 在屋面选择上我们采用了 TPM 屋面复合隔热种植模块还有 TH 屋面复合防水隔热装饰板进行隔热处理;还有建筑所有室内及室外道路照明都采用了高品质、节能型、高显色的节能光源及灯具,应急照明所用灯具均自带蓄电池;最后通过雨水收集利用和生态水处理技术、中水回用技术这些措施,增加水资源循环利用,降低市政供水配套的依赖,也有效减少建筑污水的排放量。

Q_ 这个项目最后的评价如何?您自己满意吗?

A_ 最后我们算了一笔账,这个大楼的绿色建筑的初

投资差不多是 127.5 万元，单位建筑面积的增量成
本大约 42.2 元每平方米，经济效益回收期为 6 年。
这个建筑最终也达到了国家绿色建筑的二星级标准。
我们做的这个建筑起步还是比较早的，运用的技术
在中国也是比较先进的，对周边建筑节能和绿色建
筑的推广提供了较好的示范作用，我认为这个项目
建成以后对同等气候条件下的校园项目也具有借鉴
意义。

Q_ 前面谈了很多现代的节能技术，现在谈一谈在传统建筑中
有一些什么可借鉴的地方吧。就湖南传统民居来说，我们能
从中学到什么呢？

　　　　A_ 我去过国内很多地方，这些年在旅途中也走访了
各地的传统民居。我们国家的传统民居在许多因素
的作用和影响下，一代又一代延续下来。它们植根
在了当地的人文、地理环境之中，同时它们也是适
应当地居民生活需求的建筑。我们湖南具有很悠久
的历史，也是多民族聚居的省份，多民族带来的文
化和历史的多样性，加上湖南特有的地理环境，使
湖南传统民居具有鲜明的地方建筑文化特色。

Q_ 湖南的气候地理环境是如何影响到这些传统民居的？这些
民居主要有哪些特色的分类？

　　　　A_ 湖南大部分以山地、丘陵为主，少部分是盆地和
平原。我从小就生活在湖南，对这里气候还是比较
了解的。湖南大陆性气候特征很明显的，四季较分明，
夏季高温多雨，冬季寒冷干燥。我们这里多样的气
候条件、地理环境也给湖南民居产生了重要的影响。
湖南传统民居按民族划分也是很具有代表性的。这
里主要包括了类型多样的汉族民居、村寨为主的侗

族民居、山居特色的苗族民居，还有一些程式化的土家族民居等。这些不同民族的传统民居都体现出了各自独特的建筑特色。

Q_ 您觉得这些民居的主要特点是什么？

A_ 我觉得在湖南汉族传统民居建筑的类型十分多样，虽然种类多但是也有其共同的特点，如民居平面强调对称，重点突出堂屋地位，外墙门窗较小较少，有的还以内天井作为住宅平面布局组织中枢。

Q_ 依据您的探访经历，能简单谈谈对几个民居的理解吗？

A_ 侗族主要分布在湘西的山区，依山而建，傍水而筑，在山水中形成美丽的村寨。我走访过程中发现侗族大多采用穿斗式的干阑式建筑。这些房子上下架空用来防潮、防虫、防晒、隔热，并在房间内设置火铺以度过寒冷的冬季。另外我去过一些苗寨，这些苗居大多在房屋一端或两端设置吊脚楼然后再与主屋连在一起。主屋的形制比较有意思，一般为面阔三开间，自左至右分为居室、堂屋、厨厕。堂屋前部早期退进去大概二三步，形成凹廊。屋内和我们汉族的房子不是很一样，他们较少隔断，开敞灵活。也许因为少数民族为了载歌载舞或者用来适应他们当地名叫"吃牛"、"接龙"这些等祭祀、庆典歌乐活动的需要吧；湘西土家族传统民居平面一般为长方形三间，中间为堂屋，两旁是正房。建筑的单体平面布局和空间组合具有非常标准的程式化构图。吊脚楼的形式多种多样，按其平面形式大体分为 3 种："一字形"、"L 形"、"U 形"。

Q_ 您从中有什么研究发现吗？

A_ 湖南传统民居平面布局形式归纳起来有常用的一

字形排列，以及在一字形基础上发展起来的丁字式、凹字形、合院式和吊脚楼。我通过对比研究以后就发现，几乎所有的湖南传统民居，都反映出以三开间为基础的空间模式。简单地说以堂屋为中心，正屋为主体，中轴对称，然后厢房、杂屋均衡发展，天井院落组合起来变化的基本格局，这也和汉族的"一明两暗"有着相似之处。他们通常为三开间或五开间组合，由前后两个一明一暗的房间排列组成，这种模式很好地解决了采光通风的问题。随着人们生活要求的改变，在"一明两暗"这样的基本模式下，逐渐演变出了各种格局形式，湖南传统民居就是其中之一。

Q_ 您能谈一谈这些民居有哪些值得借鉴的传统节能方式？

A_ 我和学生通过大量的资料还有实地调研，发现不论是汉族还是湖南其他少数民族的民居，尽管平面形式虽然复杂多变，但基本都是在三开间的平面布局模式下衍生变化的。一明两暗三开间平面布局模式，以其紧凑的平面布局，良好的空间组织和日照通风，简洁规整的梁架结构等优势，经历了历史的考验和筛选，是湖南传统民居的典型原始户型。

04 建筑教育侧访

袁朝晖 |

"我很少去关注什么风格或者主义，我更多的是去实践，去寻求项目本身。"

湖南大学建筑学院副院长、副教授，德国卡尔斯鲁厄大学（KIT）访问学者；建筑系教学督导组成员，中国建筑学会会员。

Q_ 袁老师，您好！我们知道您既是一位建筑师，也是高校老师，建筑经历也十分丰富，我们想先跟您聊一聊您这一路走来的对于建筑的体会和心得吧。您是湖南大学一手培养起来的，您从读书以来对湖大有怎样的了解？

A_ 我们刚进湖南大学读书的时候，正值魏春雨老师那一批研究生毕业留校担任我们的班主任和设计课老师，其中还有王小凡老师、曹麻茹老师、唐国安老师、杨建觉老师等一批优秀的年青骨干教师。那时候教我们的专业课的还有巫纪光老师、闵玉林老师、黄善言老师等老先生，一名老教授带一位年轻教师教学，我们赶上了好时代，知遇了一批专业能力和敬业都超级棒的老师，同学们学习的积极性很高，学习的氛围也很好。后来受经济大潮的影响，当时的一批年轻老师南飞到深圳那边闯了，造成师资短缺，我们那一届毕业的时候一批留校任教，现在还在的就我、徐峰老师，当时还有罗朝阳、程荣、田亦丰、陈华茂、石逸、李卫东等，我们那时候留了有七八个，正好补上南飞的师资，成了年轻老师带着一批更年轻的我们，多年磨炼后也逐步担任教学的主干了。这么多年下来，感触特别深的是自己与学院的这份情感，一个是作为建院的子弟兵，对教我专业和带我上课的老师们的一份感恩的心，领我上路，一路相助；另一个是视学院为家，亲力亲为和见证了学院的发展和辉煌，荣辱与共。受人事政策和地域劣势的影响，人才引进难度较大，在学院师资规模体量偏小的情况下，学院全体教职员工共同努力，建筑学科排在全国第九实属不易。

Q_ 湖南大学建筑学院是培育湖湘建筑师的摇篮，也是即老八

湖南人民广播电台技术大楼
注：袁朝晖提供

校之后的"新四军"，您对现阶段学院在人才战略发展上如何思考？

A_ 现在来说，我们学院的师资配备是很强的，以海归和高学历为主，像建筑系主任卢健松老师是清华大学博士、博士后引进的，规划系的系主任周恺老师，曼彻斯特大学博士毕业引进的，陈煊老师是华中科技大学和英国卡迪夫大学联合培养的博士，沈瑶老师是日本千叶大学的博士，丁国胜老师是同济大学和北卡罗来纳大学联合培养的博士，陈翚老师是捷克技术大学的博士、谢菲老师是英国诺丁汉大学的博士等等，这批教师都有自己的研究专长，都是青出于蓝而胜于蓝的。师资规模一直是学院发展的绊脚石，我们希望有更多的人才引进来，但身处内陆的地缘劣势缺乏吸引力，所以建筑系还是沿着以前的思路，将自己培养的优秀人才留下来，形成很好的凝聚力，能够群策群力地为学校和学院服务，相互感情很好，氛围也很融洽。

Q_ 袁老师您也曾出国交流过，那么您是去哪里做的访学？那您能不能谈一下访学的经历和体验？

A_ 我去的是德国卡尔斯鲁厄理工大学（KIT），在那儿访学了一年。我在那访学蛮有意思的，一是出国时要接受德语和英语的双语培训，实际上像欧洲的英语化程度蛮高的，基本上交流都是用英语，有时德语与英语混着用。第二个就是在那边我的导师Walter Nageli教授很关注中国文化，这一点比较难得，当时我是在网上直接联系到他的，后来我去了才知道他比较关注中国的城市建设和发展。访学期间他让我做了一个课题就是研究欧洲城市的高密度和我们中国这种低密度的城市建设的比较，相当难得的经历。Nageli教授非常重视与中国的建筑文化交流，那一年督促我和陈覆老师策办了一个后实验时代的中国本土建筑欧洲联展（包括崔凯、王澍、刘家琨、王路、李晓东、都市实践、张雷、魏春雨等一批设计大咖），还邀请了王澍老师来学院观展与讲座。 所以在那边我既能够感受西方的文化又能够感受西方人对中国文化的关注，我觉得这一点是在去国外访学很难得遇到的。在那边很开放的状态特别好，有独立的工作空间和完善的教学和研究设施，另外在我们那个工作室有来自美国、埃及、意大利的不同文化的交流碰撞在一起，也是个难得的经历。

Q_ 现在建筑行业在转变，不像以前那种大规模，现在变得比较精细，您觉得现阶段青年建筑师如何在设计理想和现实之间保持平衡？

A_ 我觉得现在的社会很浮躁，经济发展速度和城市发展速度过快，职能部门对设计行业的要求完全是一种指令式的，而不是按照行业内在规律和合理的安排有序地进行，实际上是一种类似大跃进的方式，从设计到施工，再到竣工，都是中国式的节奏快速的方式完成。现在经济放缓以后，对于设计行业应该是有利的时期，建筑师们都可以沉下心来回头琢磨一下自己以前做的一些作品，看看存在一些什么样的问题，看有哪些想法是在当时的设计或是建造或者实施的过程中没有实施到位的，都可以做很多的反思。而且这个阶段正好是一个承上启下的过程，在以后的设计中我觉得更多的要关注细节、关注生

湖南涉外经济学院音乐综合楼
注：袁朝晖提供

活，毕竟做一个建筑最大的目的就是给使用者提供一个适宜空间，不管是学习空间、工作空间还是生活空间，最大的主体还是人，所以我觉得建筑师还是应该沉下心去关注与之相应的设计细节。比如说日本的家庭，几代人住在一起，可能面积也就五六十平方，但他们为什么住得那么舒服，幸福感为什么那么高，反而我们国内，三口之家住一百多平方还觉得小了，为什么？我觉得这些都可以让我们建筑师进行反思。

Q_ 您觉得建筑师可以发挥更大的作用吗？或者可以承担什么角色？

A_ 建筑师可以推动城市建设，建筑师对于建筑全过程是起决定性作用的，我觉得我们的行业主导部门更多应该要专业人士来担任，现在很多都是行政管理，对于城市的建设大多是行政指令，我认为以后的建筑、规划、景观等都可以渗透到职能部门中去，就相当于属于专业型的主管领导，对城市建设的发展带来很好的促进作用。另一方面建筑师在城市建设中可以发挥专业优势，以及高度社会责任感，敢于正视问题，为城市建设出谋划策。

Q_ 再回到设计上来吧。我们知道您对教育建筑颇有研究，所以想请您谈一谈对教育建筑设计的看法。您觉得是什么影响了您关注教育建筑这一领域？

A_ 教育建筑这块我是一直比较关注的，因为我本身是从事教育的，并一直接触一些相关的设计，包括中小学校和高校的教学楼、体育设施和公共配套服务设施等，设计涵盖面还是比较广的。在设计教学上，我有意识地选了相关的题目——教育建筑的设计。

湖南工业大学体育馆
注：袁朝晖提供

常态教学中学生做课程设计的时候，老师都会把任务书写得很详细，但那时候我做了些尝试，基本上就只进行设计规模和设计要求的控制，具体的设计内容都是让学生自己拟定的，因为我想让他们通过实地调查以学生的身份回到校园里去，对中小学生进行互访，希望从中了解到当下学生需要什么、学生学习的状态和方式、老师教学的模式以及人才培养定位等等方面。通过实地调研、分析、整理后再形成设计任务书，量身去做设计，我觉得这种方式还是做得非常成功的。而且那段时间台湾建筑设计行业关注中小学校教育空间的配置和规模的配置，他们研究得非常透彻，我找了当时有几期专门做这方面研究的台湾建筑学报，学生们分享了这些资料，在设计构思中深受启发。那一年我还指导学生写了一篇论文发表在建筑学专指委会议上，影响还不错，我希望是以问题为导向的教学或者设计方法来对教学进行探讨。第二个就是华南理工大学的何镜堂院士组织了一个海峡两岸教育建筑的论坛，我们承办了一次研讨会，来了很多设计单位的一线的设计师，专注于教育建筑设计的瓶颈和问题，从国家的投入、政府的重视程度，和建筑师如何更好地关注建筑本体等方面进行了很多研讨。

Q_ 不同的学校的培养模式和定位都不一样吧？我们是如何去定位的？

A_ 当下建筑教育最有影响的高校有老八校、新四军和独立大队之称，这些高校在每一时间阶段都有一个发展定位，像清华主要是培养实践型、职业型的建筑师对应市场和社会，像同济就主要培养开放式创新性的人才，和国际接轨比较好，而我们湖大自身更多的是培养创新精英型的人才。前年湖南大学的教育研究院专门做了一个新生的集体问卷调查，并对调查结果进行了一系列的数据分析，从各方面来说建筑学院的学生所具备的素质是最高的，这么好的生源，我们责无旁贷，更有义务和责任把他们培养成社会和专业的精英。从区位和资源上我们没有任何优势，只能把自己学院和师资已有的能力和价值发挥到极致。

Q_ 我们知道目前的建筑业界越来越受到媒体的影响，您是怎样看待现在的建筑媒体的？它将来会有怎样的发展趋势和作用？

A_ 新媒体的发展是必然的，代替传统纸质媒体是大势所趋，第一，它的信息量大；第二，它的传播速度快；第三，它的保存容量大，也非常的方便，只要一个引擎搜索和链接就可以找到最新相关信息，我觉得这是一种很好的对知识传播的方式。目前很多专业杂志也是借助新媒体及其平台进行互动传播，开辟多种途径，争取更多资源。所以像你们现在做的微视频等新媒体这块也是一个方向，使专业服务的功能越来越强大。

陈翚 ▌

"城市的起源是自下而上的，是自然生长的。其增量的本质在于可持续而不是增长。"

湖南大学建筑学院副教授，哲学博士。研究方向：环境行为学理论及其应用研究，工业遗产保护与再利用研究，建筑节能及被动式住房标准研究。

Q_ 您在湖南大学完成本科、研究生教育，执教后多年又赴欧洲攻读博士学位，可以说在中国和欧洲都有着长期的实践和教育经历。基于您对于国内和欧洲的建筑教育都有很深刻的了解，结合您的留学经历，首先想请您谈一谈欧洲建筑教育的特点以及其与目前国内建筑教育的区别？

A_ 我在布拉格捷克技术大学工作和学习了6年，捷克的建筑教育有着与欧洲一脉相承的传统，依据1999年《博洛尼亚宣言》的规定，其教学体系与整个欧洲更加一体化。得益于捷克这种极高的国际化程度，我对欧洲建筑教育的状况有了一些粗浅的了解。从古老的"石匠师傅"传承体系，到"鲍扎"体系，到巴黎美术学院，到包豪斯的现代主义，再到当代多元化的建筑教育体系，我认为从本质上来说建筑教育其实并没有发生根本的变化，仍然维持一种徒承师业的模式，这种传承关系在欧美以及日本体现得更为清晰完整。但是教学内容和形式在不断发生改变。总体上来说，从现代主义发展而来的当代欧洲建筑教育体系主要有这么一些具体的特点：1.工作室制度。目前，欧洲建筑教育中最有特色和保留最完整的体系就是纵向分布的工作室制度，这里的工作室不仅仅限于建筑设计课程，学生毕业所需的课程大约有1/4是在各种工作室里完成的，比如美术训练、模型制作、建筑保护等等。以建筑设计课程的工作室为例，学院通常会邀请业内著名的建筑师来主持各自的工作室，学生从二年级开始（一年级学生主要在建筑的基础训练工作室里学习），就可以自由选择工作室并在老师的指导下完成各种具体项目的设计工作。每个工作室有不同的设计方向，比如工业建筑工作室，历史建筑保护工作室等等，但不会完全根据建筑类型来区分，因此完全打通了班级或年级之间的壁垒：从二年级直到硕士毕业，不同年级的学生可能同时聚集在同一个工作室里，在导师的指导下完成设计，有利于学生之间的纵向交流。每个学期的设计课题主要由工作室的指导老师依据自己的设计经历、研究方向或喜好来确定，一般为真实的设计课题。每个学期的第一周是选课周（Orientation week），指导老师或其助手会在这一周将本学期的设计课题张贴在自己的工作室内，并在约定的时间对各个题目做一到两次详细的介绍。学生们根据入学时制定的培养计划、已经完成的科目、个人喜好等等来选定工作室和具体的设计课题。为了均衡学生的知识结构，培养全面的能力，并避免出现学生扎堆选择某个工作室的现象，学校一般会要求学生在整个大学学习期间，至少要参加3个以上的工作室，同时对于设计课题的类型和难易程度还有相应的规定。2. 建筑师职业教育。欧洲建筑教育的另一大特色是注重学生执业能力的培养。除了邀请富有经验的执业建筑师参与教学之外，还非常注重学生的分析、感悟和表达等实践能力的培养。比如对设计过程以及综合评价的注重：工作室的课题一般都会选取实际的题目，或者至少具有实际的可调研的背景。在选定题目以后，学生必须按照指导老师预先确定的进度计划一步步地完成从基地调研、分析、概念、功能与技术、结构选型、细部构造等等整个设计过程，在此期间跟指导老师交流的次数和总时长是考量学生学习成果的重要因素之一。

在整个学期中，老师会组织1-2次公开讲评和一个集中的设计周，有时候还会跟别的工作室甚至其他院校的学生互动，这些都会跟学生最终的成绩关联，以促使学生参与整个完整的设计过程，这个过程跟实际项目的设计过程尽可能趋于一致。这种与实践紧密结合的方式不仅可以使学生解决实际问题的能力得到大大提高，而且还确保建筑教育能紧跟甚至引领时代的步伐。3. 横向的合作与交流。受到欧盟一体化的影响，欧洲各个国家保持着密切的联系和相互影响。这种国际化的地域和视野为他们与外界的交流合作提供了便利的条件，同时也影响了欧洲各国的建筑教育变革。按照《博洛尼亚宣言》的规定，各建筑院校的培养计划和课程设置都尽可能地保持一致性与连贯性，使得大多数欧洲国家的院校都能保持互认学分和课程共享，实现零障碍的学生互换计划，其优越性是显而易见的。比如学生甚至可以在某个学校注册入学并完成第一个学期的学习，之后便开始在欧洲的各个院校之间"游学"，等到修满学分，再返回原校完成毕业设计和毕业答辩，并获得该院校颁发的文凭，因此欧洲建筑院校毕业的学生国际化程度相当高。综上所述，不难看出欧洲各国在建筑教育的教学方式上与我国大多数建筑院校存在着不小的差异，主要体现在：1、设计课程不分年级，不以类型为主要的教学和考核内容，有利于因材施教和相互交流；2、注重实践环节和动手能力的培养，理论知识的传授仅作为辅助手段；3、重过程，轻结果，重思辨，轻手法和形式，但并不忽视审美和造型能力的培养；4、常态的对外交流与

陈犟接受捷克国家电视台采访
注：陈犟提供

合作。跟其他学科相比，建筑学的教育有其特殊性，如何充分利用当代教学手段，发掘合适的教学方法，是建筑教育界一直思考争论的主要问题。欧洲当代建筑教育所采用的方式方法，继承了传统建筑教育中的有利之处，扬长避短，形成了自己的特点，值得我们深入研究与探讨。

Q_ 您提到 DAL 数字工作室，数字技术在当前的建筑教育和实践中的运用和比重越来越大，数字技术是如何融入具体的教学安排与课程设置中？对于目前数字技术在建筑教学改革中的问题，您如何看待？

A_ 数字技术已经渗透到整个建筑行业，它的发展也给建筑教学带来了翻天覆地的变化。从广义上来说，除了我们在建筑设计中经常应用到的各种绘图软件之外，数字技术还包括数字化和信息化的教学平台，如网络教学，多媒体教学以及精品课程共享等等。这些新的教学手段对于加强优秀教学资源共享，增进学生与老师的交流，增进不同年级甚至不同院校的同学之间的交流起到了很大的促进作用，已经逐渐成为了不可缺少的建筑学教学手段。建筑院校的本科教育通常被分成若干个教学阶段和教学板块，包含多门分别设立的理论课程和实践训练。而建筑设计是一个完整的体系，因此建筑学的教育也应该具有完整的闭合度。借助数字技术的手段，可以进一步推动建筑学教育体系中知识的整合度，让学生将各课程所学融会贯通于设计课程中。当前更受关注的数字技术当属参数化设计和新三维软件的应用，如基于建筑信息模型 BIM 技术的 Revit 以及擅长曲面造型的 Rhino 等等。通过这些三维软件的学习，可以增强学生的空间思维和创新能力，开阔空间设计的思路。但是在建筑数字教学改革中也存在着一些问题：1.与设计课脱节。目前大多建筑院校开设的计算机辅助设计课程主要讲授软件的使用方法，而不强调数字建筑本身的意义和重要性，导致学生把兴趣放在软件的学习上，过分强调外部造型而忽视建筑设计中本质的东西。2.软件的教学滞后。软件的发展日新月异，大部分院校的三维软件教学无法跟上软件的开发进程，如目前很多院校仍以讲授CAD、Sketchup和3DMax等传统绘图软件为主，其他软件或者新型软件则推荐学生自学或以课外兴趣组、学术讲座以及假期工作营的方式完成，以致部分学生在草图构思阶段受到软件熟练程度的限制。3.专业理论课教学对数字技术的反应太慢。三维软件可以应用于整个建筑周期和全面的工种配合，从方案设计到施工图设计，并整合结构、机电等，再到施工、物业管理等阶段。如Ecotect软件可以提供对建筑声、光、热等物理环境的全面分析，但由于目前建筑物理课程教学跟数字技术的结合不够紧密，大多数学生面对大量的数据设定茫然失措甚至望而生畏，也很少将这些知识和软件应用到建筑的课程设计上。我认为在建筑设计课的教学中老师和学生都应该注重数字技术对建筑设计的影响，尤其是学生要多学习、多运用新软件，以辅助和深化自己的设计。但是特别要注意不要让学生被软件左右而忽视了设计思想与设计概念。当前"非线性设计"、"建筑设计生成法"、"参数化设计"等新概念给学生们带来了很强的视觉冲击，对于有些软件基础好的学生，很容易沉迷于软件带来的新奇造型而忘记了设计的本质。对于这些学生应该及时正确引导，提醒他们数字技术和软件只不过是工具，应该利用它们为设计服务而不能成为它的奴隶。

Q_ 这种"脱节"是否还存在在建筑学教学的其他方面上，建筑教学是否应该关注真实的城市问题？您觉得应该通过什么样的方式在建筑设计课程中来寻求建筑与城市之间一个怎样的平衡关系呢？

A_ 我们在完成每一个设计项目的过程中，都需要进行相关的设计研究。而我在本科三年级的建筑设计课程教学中，强调"设计研究"过程，目的是为了让学生理解城市与建筑的本质，理解社会形态，并训练他们分析问题和解决问题的能力。经过前两年的造型训练和最基本的小建筑设计课程，三年级的学生已经开始慢慢形成了自己的建筑观和城市观，但对于城市形态和空间的实质并没有清晰的思辨，很容易沉迷于单纯追求造型的误区中。因此在教学中我们刻意加大了前期调研、分析和策划的分量，让学生在城市中，在基地上花费更多的时间，以期更好地去了解街区的社会形态，体验真切的现实生活，去分辨热点问题和把控时尚潮流。上学期的设计课程教学实践中，我们选择了长沙市的白果园 - 化龙池街区作为基地，但是并没有按照常规给出具体的任务书，而只是给定了一个主题——历史街区的活化。要求同学们在充分了解长沙市历史街区的历史和现状的基础上，从建筑与城市空间的角度给出一个延续历史文脉，激活老区生命力的解决方案。白果园 - 化龙池街区是长沙目前仅存的为数不多的

白果园微电影展映
注：陈翚提供

较为完整的城市历史地段之一。街区内保存了"湘江评论"旧址，程潜公馆等历史遗迹；也有新近发展起来的"化龙池"酒吧街。这个地区较好地浓缩了长沙市历史街区变迁的过程，反映了长沙的城市文化与市民生活。学生们被分成几个组，带着某种问题，用各种方式对该地区进行了深度的踏访和研究，发现潜在的问题并找出解决的办法。为了增强理解和记忆，在调研报告初步形成的时候，每组学生还被要求根据分析结果模拟一个或几个在基地被改造前后可能发生的故事，并将之拍成微电影。我们希望学生通过此次深入的研究，以小规模的设计介入，通过植入局部的、富于创造力的城市空间或建筑物（功能自拟）来活化街区，使该地区的发展获得政府、财团、媒体以及公众的关注，帮助本地居民寻求新的就业机会，使历史地段在传承原有的空间肌理和生活方式的前提下，确定某种可能性，获得新功能，融入新城市的发展之中。

Q_ 那么，在更为宏观的角度上来看，中国在快速城市化进程中许多方面的高速增长，建筑也被这个增长所刺激，几乎所有的中国城市都成为了一个大工地，城市在短时间被推倒和重建，对于这一现象你是怎么看的？

A_ 我们一直沉浸在高速增长带来的欣喜与利益之中，实际上，如果进一步探究高速度奇迹的背后，是严峻的环境污染和扭曲的生态破坏。为了追求这种盲目的高速增长，环境和生态付出了惨重的代价。同时，也导致历史和文化也遭受了灭顶之灾。以长沙市为例，长沙是国家级的历史文化名城。作为有2400年城建史的古城，一直到今天，长沙城址一直未变，两千多年前的道路甚至与今天所在位置的街巷依然重合，其城市肌理仍然清晰反映出自汉代以来的历史文化变迁。然而自 2005 年以来，长沙城历史街区遭受毁灭性的损坏。2009-2011 年间，数平方公里的老城被毁坏殆尽，大量名人故居以及地下文物被毁，成为长沙城建史上规模最大的、最令人扼腕叹息的、不可逆转的浩劫，一次性将 2400 多年城建史彻底切断，历史文化名城的称号已经名存实亡，长沙城中心区完全变成了一个没有文化、没有历史底蕴的新城，这就是盲目片面追求高速增长的代价。城市增长了，人口增长了，经济量增长了，但我们却失去了历史文化，失去了多样性和弹性，也失去了再增长的可能性。高速增长也导致了城市面貌的迅速改变和记忆的缺失，旧城被拆改，新城不断涌现。这些速生的新的城市空间与结构形态，潜移默化地影响着每一个城市居民的生活，包括他们的交往方式和社会关系。前一阵频繁出现的水淹城市的现象，就是这些短视主义与急功近利驱动下的速生城市功能缺失的具体体现。而这一点，也是作为建筑教育从业者在面对学生的时候需要审慎对待的课题。

花木城会所
注：陈翾提供

胡骉 |

"我们不是抛弃掉只为了形态，我们是特别追求性能的真实性以及合理性。"

湖南大学建筑学院 DAL 数字建筑实验室主任、环境设计系主任，硕士生导师，副教授，湖南省设计艺术家协会副秘书长，中国建筑师学会数字建筑专业委员（DADA）会创会委员，全国高等学校建筑学学科专业指导委员会——建筑数字技术教学工作委员会委员。

Q_ 我们知道您这几年一直致力于数字建筑的研究，首先能否请您阐述一下是什么样的"初心"让您激活出湖南省最先锋的数字建筑实验室，同时介绍一下 DAL 数字建筑实验室目前发展的情况？

A_ 我们大概是 2010 年开始成立 DAL，主要在湖南大学建筑学院进行跟数字化设计、实践、建造以及理论相关的这么一个实验室。这个实验室大概经过了 7 年时间不断地进行各种各样的尝试，这包括了多方面的手段，第一个手段就是我们走出去，去跟国内外的同行进行交流；第二个是请进来，我们请一些国外的事务所包括一些院校的老师跟我们进行短期的合作；第三个就是我们实验室参与到一些本科甚至研究生的相关设计教学；第四是我们通过一些校园数字建造实践积累了一定的经验，在一些工程实践上面进行一些小的尝试，这个是我们目前的四个方向。最近我们可能会把我们的一些重点偏向一些跨界，所以我们整个实验室的发展可能还是基于一些数字化的平台，但是我们的关注点可能不仅仅在建筑学这一块，可能在工业设计、景观以及一些产品，甚至牵涉到一些桥梁等跨界的设计。

Q_ 近年来清华建院的徐卫国教授会组织一期全国性的数字建筑的培训，好像有次胡教授都被邀请去讲座，目前 DAL 的知名度已经跻身国内一流的数字建筑实验室，能否请您回顾一下这六年来 DAL 数字建筑实验室为核心的数字建筑工作营目前共举办过多少届，合作的设计研究机构包括哪些？

A_ 工作营是我们实验室非常重要的一个活动，我们从 2009 年开始到今年应该是延续了第八年，因为今年的工作营大概是 7 月 26 日就要开始了。我们合作的对象包括了台湾的交通大学建筑研究所、扎哈.哈迪德事务所 CODE 小组、REMIX 设计事务所、蓝天组的建筑师以及北京的 LCD 实验室等等，当然还有我们湖南大学毕业从欧美先锋院校留学回来的这些校友，所以我们渠道还是比较多元。

Q_ 那么这些工作营的训练主要内容有哪些？有些什么收获？

A_ 我们通过这样的活动积累一些经验，经过跟一些国内外的同行特别是高校的交流之后，我们的重点是偏向两个方面：第一个方面是数字化的设计，这个设计主要以性能和编程为基础；第二个关注的是我们的设计如何落地，这个是偏建造这一块。所以我们每年工作营的成果特别强调有一点的是我们一定要做出一个实际的中等规模的一个项目，这样的话能够积累从数字化设计到材料的加工以及到材料的组合再到结构性能各个方面的训练，最终形成一个成果，成果最久的已存在七个年头了。此环节对之前的设计是个测试，同时给新来的学生一个基本的实体认知，我们想持续在建筑学院进行深度的研究。

Q_ 随着"鸟巢"、广州歌剧院、凤凰中心等一批运用数字技术的建筑作品在国内建成，数字建筑趋势已经到来。目前数字设计教育在国内建筑院校的缺失这一矛盾已出现，正应验了某位专家讲的 "当我们还没准备就绪时，我们早已经落后了"。DAL 经过与这些设计研究机构的合作，您觉得目前国内在数字建设的差距主要表现在哪些方面？

A_ 如果在七八年前，国内院校的主力基本是一些从欧美学成回来的一些学生，那个时候我们对于数字化设计这一块还呈现在虚拟以及表现上面，认知可

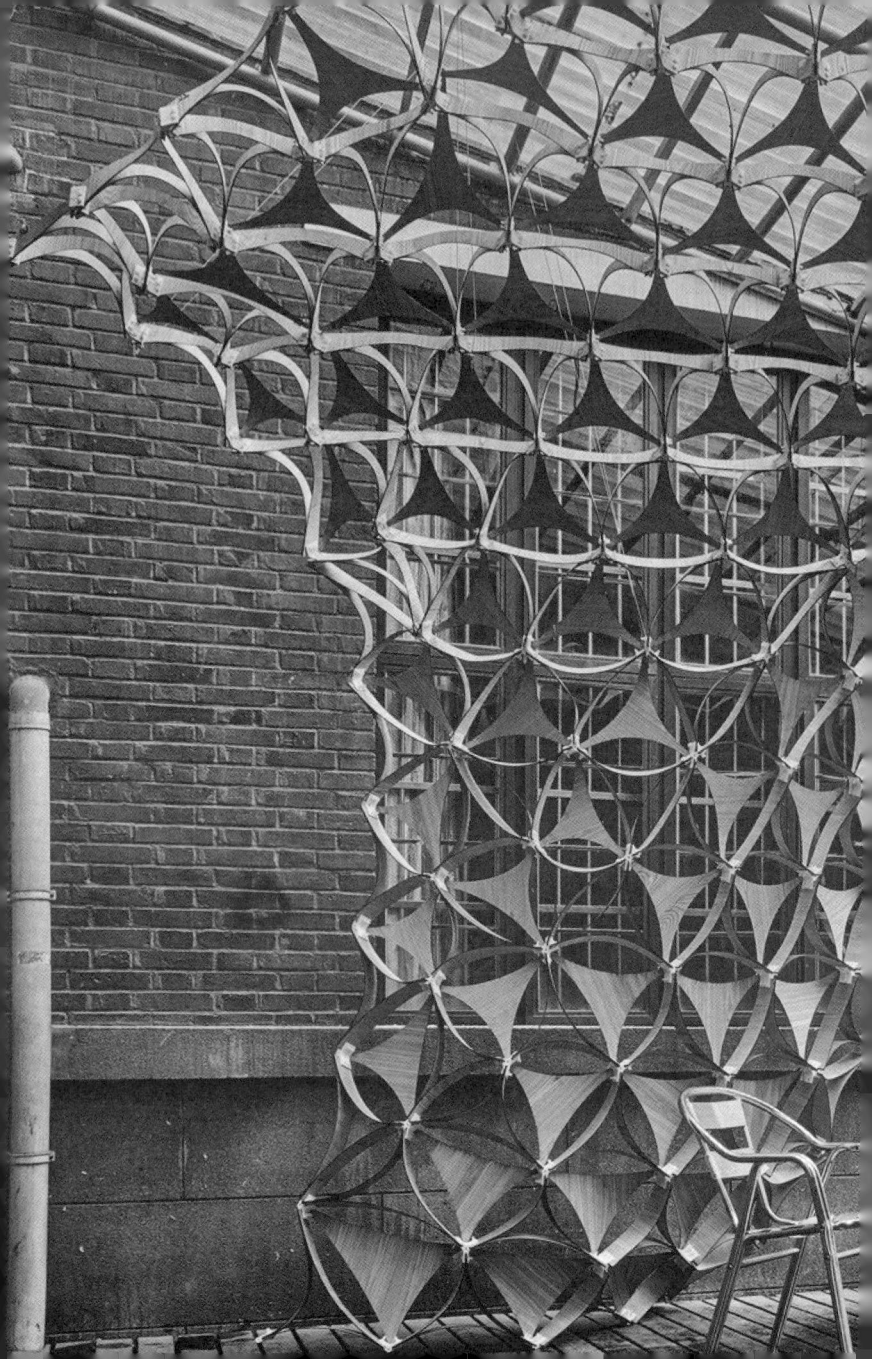

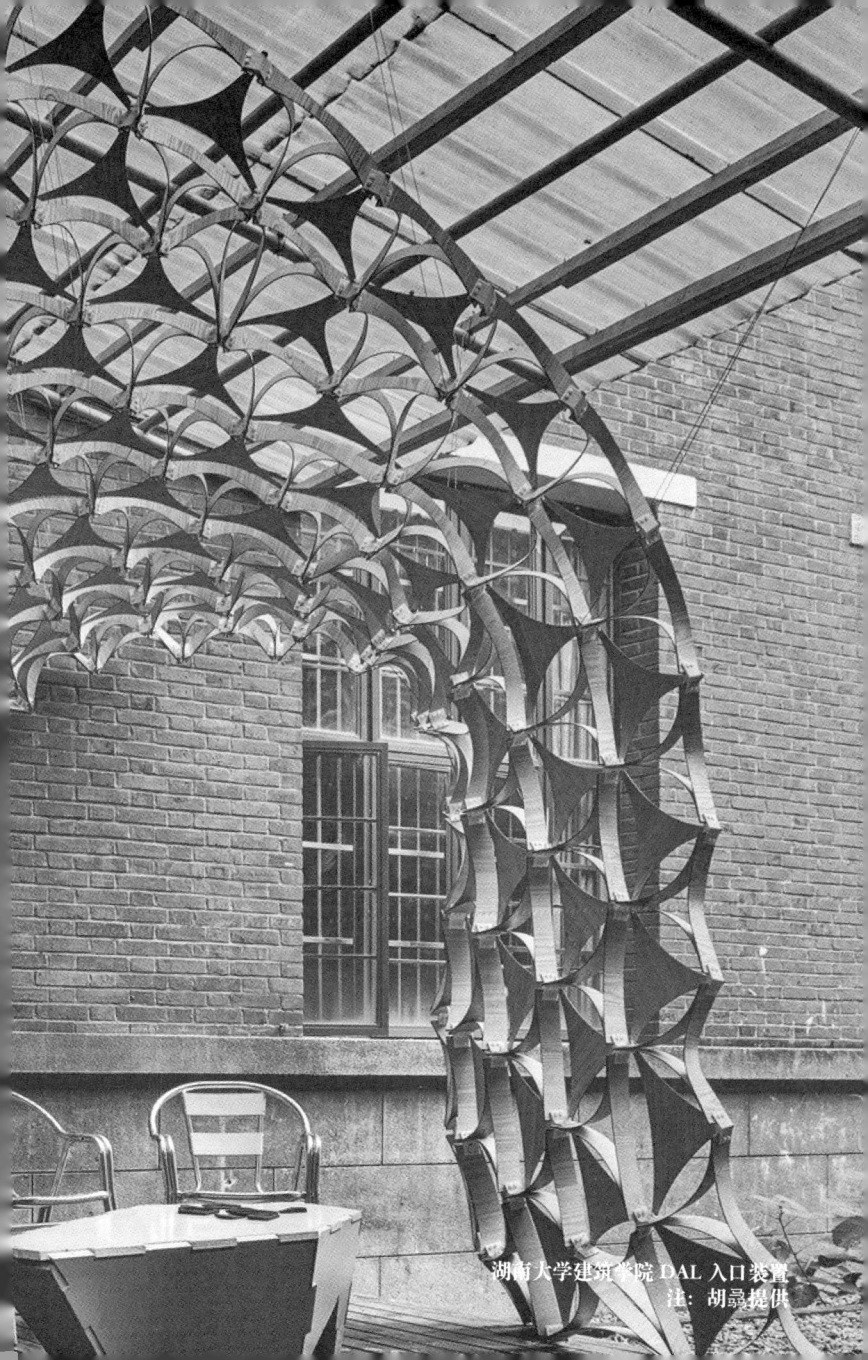

湖南大学建筑学院 DAL 入口装置
注：胡骉提供

能更多的在形态上面。通过近年来国内外的一些交流及参加展览，看到国内的一些院校的研究已经基本上跟国外是同步的，可能我们的差距主要还是覆盖面，因为中国大概有两百多所学校有建筑学学科，但长年在这方面进行研究的大概只有十几所，我们的量还不够大。

Q_ 是否跟师资力量也有关系？数字化设计毕竟还是个前沿课题。

A_ 这里面可能最大的问题还在于大部分的老师，因为近年来建筑数字化进程急速发展，对数字化设计的认知还有点含糊，对其定义还不太清晰。我个人近些年来开展了一些数字化设计研讨会，和湖南的一些高校同行进行交流，发现很多老师甚至是一些学院的领导对这一块的认知还是不太全面和准确，所以个人觉得这一块是我们差距比较大的。实际上国内的一些顶尖高校研究的成果完全可以跟国外的一些名校进行对话。

Q_ 就国内情况来说，那是否有比较积极的因素呢？目前，国内一些建筑院校如清华、同济、东南、华南等建筑老八校和一些"新四军"，都已经基本完成数字建筑教育的布局，您是否可以介绍一下目前国内外主要建筑高校开展参数化以及数字建筑设计方面教学的一些基本概况？有没有存在什么问题？

A_ 好的方面是中国建筑市场的活跃，所以我们高校的研究更容易产业化及更容易被实现，这是国内具有的优势。我个人的认知是国内外的一些高校虽然对数字化已经慢慢形成一个共识，不管是本科生还是研究生都提供这种教学的可能性，这是第一个；第二，尤其是对于一些先锋院校，我们讲的数字化设计的工具和方法已经成为其必不可缺的一个设计平台，可能到了那个程度上大家已经不谈数字化了，因为基本的工具全都是数字化了。国内更大的问题在于工具已经完全数字化了，但是我们的思维还停留在手工时代，所以我觉得这里比较大的问题是思维和工具没有同步，我们自己也是在不断检讨、研究。我自己在教学环节如果同学想用这方面的方法或工具的话，那么跟他强调的第一点就是思维和方法要改变，并不是说否定以前的思维，而是要跟工具同步。

Q_ 思维没有跟上技术工具的进步。是否还存在专业的局限性？

A_ 这里还有一个特征是国外的一些高校在学科交叉那一块已经跨越了传统的建筑学范畴，而国内院校这种层级比较严格，专业的限定比较大，所以我们在跨界这一块还是做得比较弱。我观察到国外的很多院校，比如一些从哈佛毕业建筑背景的学生，回来以后不一定都是从事建筑相关的，他可能做别的事情，家具甚至游戏、电影多媒体这些事情，当然中国的情况可能和他们不一样，但是可以通过这种现象来推断在一个数字化思维以及工具平台下面大家可以做几乎任何事情，所以我们对教学的培养目标和模式应该要放得更开一点。

Q_ 工作营是一种以头脑风暴为特征的创新研修方式，国外教学培训中用得相当普遍，我国高校也普遍采用这种方式。想请问一下 DAL 数字工作营的教学经验是如何结合湖南大学建筑学课程设计进行教学改革的？

A_ 每年暑假主办 DAL＋邀请过来的国内外的合作单

位来做暑期数字设计及建造工作营的初衷是因为数字化它应该是一种思维方式，一个工具平台，它本身不应该成为一门课，更不应该成为一个软件培训。但软件学习是个基本的东西，所以我想在教学时间比较宽裕的暑期，通过这样的形式针对建筑学院从本科生到研究生以及所有的专业都开放，以这样一个模式让大家通过从数字设计到深化到小尺度模型，再到足尺模型，最后到建成这样一个过程，把这种思维模式以及工具的平台完全掌握一下，这样学生便可能在不管是三年级的高层建筑设计，还是四年级的大跨度设计中运用。但掌握或了解这个方法以后，你用不用这是个人的事情，但有趣的是到了大四，建筑本科最后一个专题设计是大跨度建筑设计，几乎每组同学都会用到这个，基本上形成了一个湖大近几年的一个小传统，实际上这个环节 DAL 并没有参与教学，但确实是影响到了教学的方法和教学成果的演进以及最后的认知，我觉得这个对 DAL 实验室来讲也是对教学的一个小贡献。

Q_ 进入信息化时代，距离已不再是资讯传递的障碍，各种"新奇"的事物开始显现在人们眼前，您认为数字建筑设计是如何适应传统设计或施工过程中的问题？

　　A_ 数字建筑设计是一个工具，但是建筑是一个很古老的职业，就像人一样，虽然人经过千百年来的进化，但是他的基本需求是没有改变的，同时一个地方不管是从古代到现代如何的发展它基本的环境诉求也是没有改变。所以我在用这个工具的时候是永远要关注两点，第一个是人的基本需求；第二是建筑跟周边环境的基本关系。所以我自己做设计、评图的

中国·湖南（国际）艺术博览会参展装置
注：胡曧提供

时候很少单独讲功能这个部分，因为太狭义。

Q_ 那您一般关注的点或者说坚持的东西是什么？

A_ 我们特别关注建筑的性能，性能包括结构性能、安全性能、建造性能等，和对材料特性的利用以及你对光线、人流集散效率的关注，甚至包括形体跟环境的关系。现在所有的跟性能相关的设计实际上在建成之前都是要进行模拟的，所以数字化是最好的一个平台。

Q_ 数字化能够提供非常便捷和直观的模拟。

A_ 就是提供一个很好的模拟平台，因为还没建成，所以不能确定达到了设计需求，那么如果提供这样一个数字模型，用各种专业软件进行模拟，我觉得这个是建筑的性能化设计和建筑的数字化设计结合得非常好的一个切入点。DAL不是抛弃掉只为了形态，我们是特别追求性能的真实性以及合理性。

Q_ 目前建筑领域诞生了越来越多的软件，这些软件更加方便快捷，为数字建筑发展提高了效率，您觉得当前数字建筑与早期相比有哪些新的发展和趋势？

A_ 第一是对性能的追求，第二是看到了很多新的尝试。我们可以回想一下传统制图的情形，比如你有个想法，这个想法在三维软件里面进行呈现，呈现完以后最终提供施工团队实施的是个二维的图纸，然后材料商和承包商又把这个二维图纸想办法变成个三维实体，这个过程实际上整个的设计文件就断层了，从三维到二维再到三维。数字化的方法就是在三维层面进行设计，这个三维设计的文件信息能够被材料加工商和建造商应用，这样的话在整个设计文件上的流线上面它是贯通的。比如现在有做3D

打印的房子，数控建造的技术等，我觉得这个是大家应该要关注的一个点。

Q_ 再来谈一谈您主持的 DAL 数字建筑实验室吧。一转眼 DAL 已经有七年多，从建立至今一路走来您觉得面对最大的挑战是什么？

A_ 最大的问题是在于人才的储备，确实这个行业在国内的发展还是比较短的，所以也希望能有新鲜的血液能够加入到我们团队来。同时在研究生教学环节过程中有点困惑，因为我认为建筑学研究生对这一块应该是有兴趣的，但实际上我们学院本科生可能更投入些，所以在研究生培养及教师团队这两个方面来说我们实验室的人力支撑是比较弱的。

Q_ 您作为 DAL 数字建筑实验室的主任，最后请您谈谈对未来实验室的发展有什么样的计划？

A_ 以一个大的设想来看，第一个我们要把硬件设施完善，因为我们目前的硬件工具还有所缺失，虽然我们每年都在申请，但是现在还是需要再完善与更新的；第二个就是实验室人才的培养；第三，建筑学科有很多的研究方向，所以我觉得这个应该不只是一个对建筑设计本体，而应该对所有的研究方向都能够提供协同与支撑的一个平台。这是我设想做的几件事情。

05 建筑记忆侧访

巫纪光 |

"研究历史是要往两头走，一头是向后看，另外一头是往前看"

建筑学专家，湖南大学教授，享受国务院特殊津贴专家、国家一级注册建筑师。毕业于湖南大学土木建筑系，留校任教至今。1984 年任湖南大学建筑系副主任，1986-1996 年任湖南大学建筑系主任，1989-1998 年全国建筑系学科专业指导委员会委员。

Q_ 您作为咱们湖湘最早具有建筑学招生资格的院校湖南大学建筑系老系主任，我们首先想请您谈谈"它"是一步步怎么样发展起来的？

A_ 湖南大学建筑学院的发展应该是有很长的历史，但是在中间有多很坎坷。湖南大学是在1920年的时候从岳麓书院改名为湖南高等学堂，到1926年就改名为湖南大学，那时候湖南大学是由湖南省审批的大学，到了1937年那时候就由国民政府批准改为国立湖南大学，改了国立湖南大学以后这里头就有了土木工程这个学科。

Q_ 好像后来又经历了一次比较大的变动？

A_ 到了1952年国家开始进行大学学科调整，这时候湖南大学就把其他的和土木建筑无关的统统搬到别的学校去了，比如机电的专业分到华中科技大学，水利的专业到武汉水利学院，有关哲学的文科的这一方面就到了武汉大学，财经的专业就到了湖北那个时候的财经学院，另外化工专业就合并到华南理工大学，还有矿山冶炼的专业就另外拨出来成立了一个中南矿业学院，也就是现在的中南大学，另外还有历史啊文学文科这些方面就拨出去给现在的湖南师范大学，所以剩下来的就是湖南大学的土木建筑这个学科，当时把中南地区包括河南、湖北、江西、广东、广西、云南、湖南等七个省的大学的土木建筑学科统统合并到这里，所以当时湖南大学改名为中南土木建筑学院。

Q_ 学制和专业后来有改革吗？

A_ 湖南大学改为中南土木建筑学院后当时在主要搞房屋建设的营建系办了两个建筑学专科班，有一个班到 1953 年的时候毕业了，另外没有毕业的一个班就被合并到华南理工大学去了，所以后来就没有建筑学学科了，这个专业办学就停下来了。再到了1955 年也就是我考进来的时候专业又改了，原来营建系的那个专业改成了工业与民用建筑专业，也就是我们说的工民建，学制也从四年制改为五年制，在这五年有三年是共同学建筑学学科以及建筑工程与管理学科，也就是基础学科，另外两年就可以选修专门化，那时的专门化有建筑工程、结构工程和施工工程这三个学科，这三个方向都可以去选。

Q_ 与国外相比如何？有借鉴过国外的办学模式吗？

A_ 这个时候的学制改革在国外也有这种模式，比如东京大学，我们当时的校长柳士英曾经在那里求学时也是这样的，但是后来也就分开了，还有包括当时的苏联也有这样的模式，所以从那时候开始我们把这个教学计划叫做三条腿走路，建筑、结构、施工课程一样多。这种学制模式在这个学科办了 1955年、1956 年、1957 年三年，这三年办完以后又开始变了，当时就觉得这样不行，也有很多别的因素在里头，要重新改，这样工业与民用建筑专业改为工业与民用建筑结构工程专业，建筑学就另外拨出来成立了建筑学专业。

Q_ 为什么要停办？是受到政治环境的影响吗？

A_ 当时一个是因为办得太多了，再加上还有当时一股比较左的风，认为建筑学要讲美学，好像不是为劳动人民服务，所以到处批判认为不是很急需，就停办了将近二十多个学校，江西的也停了，浙大都停了，北京建工学院也都停掉了，都是那时候办起来的然后停掉了，停掉以后就剩下八所学校了，我们称之为老八校，就是说我们都停掉了那八所学校还在办，那老八校里头就是清华大学、同济大学、华南工学院、南京工学院、天津大学、重庆建筑工程学院、另外还有哈尔滨建筑工程学院以及西安冶金建筑学院，哈建工和重建工是属于建筑工程部直属的，所以也把它留下来了，同时在分配上来说它们一个在西南一个在东北，然后在上海这边就留下同济大学了，所以我们被停掉。

Q_ 一直停办到什么时候？对咱们建筑教育的体系是不是有非常严重的破坏？

A_ 一直停到了1979年，一共大概停办了有十八年，包括中间经过"文化大革命"这种动乱。1960—1961年的时候，我们这里的建筑专业是在现在的土木学院里头，在过去的营建系那个系里头，当时这个专业由于招收了两个五年制的班，有教师和工作人员大概三十五个人，也有自己的资料室、实验室，当时的建筑实验室应该还是建设得比较好，比如说隔声的实验室、光学实验室等都建得比较完善的，但是一停办以后有很多都被破坏了，因为后来再招生的时候，特别是1972年开始招收工农兵学员，学生来了，学校里的建设没有很多发展，但学生来了，很多地方都不够用，所以就把我们原来的实验室都破坏了拆掉了，还有很多资料也受到破坏，这还是一方面，由于专业停办了，原来三十五个人到要开始重新办学的时候，就只剩下大概十四五个人了。

Q_ 后来重新办学的时候，遇到的困难也不少吧？

A_ 在1980年的时候，只剩下有十五个人，但是这时候又要重新恢复招生，所以所有东西重头做起，在1980—1984年期间这十五个人，但是当时的人也不是很稳定，因为学校里那时又开始筹办别的专业，比如筹办了工业设计这个系，因为当时学校是属于机械工业部管，机械部知道工业设计很重要，所以筹办了这个系，于是在我们留下的人中间抽了四个教师去筹办工业设计这个系，所以这样我们就只剩下十一个人了，人就非常少了，想要建设就非常困难了，所以在1979年恢复招生的时候没有恢复建筑学专业，但是按照建筑学来培养人，就从当时工民建招生里头抽出十几个人专门学建筑，他们有的是在工民建专业里学了两年转过来，有的是学了三年转过来，所以有的是三年级有的人是二年级。这批人培养出来了，我们就留下一些人，所以这样一来就奠定我们恢复这个专业的基础。

Q_ 改革开放以后，教学环境应该好了很多吧？

A_ 但是这段时间是最困难的时候，因为在1988年以后，1990—1991年这段时间是沿海地带改革开放走得很快的时候，特别是定了像广东深圳特区，珠海特区，厦门特区这些经济特区以后，人都往那边走了，我们尽管留下了一些人，但是很多干一阵子以后就走了，那时候我们叫孔雀东南飞，所以尽管我们留下了一些年轻老师，但是都没来很长时间就走了。最有特点的是那时我们开展了新的课程，过去的建筑学就是讲建筑不讲环境的，我们新办的专业里增加了室内设计这个专业，但是这些年没有人教过室内设计，要想真正的、正儿八经的做室内设计还是不容易，所以我向中央工艺美院要了三个人，目的是让他们来承担这个课程，他们来了不久也走了，所以最困难的是留不住人这段时间。

Q_ 出于什么目的？市场化吗？符合当时大的社会发展趋势？

A_ 这有两个目的，一是推动建筑学在市场经济条件下如何自力更生，我们参加工程设计、规划设计，到市场上去找任务；另外是我要了这些研究所的人，他们对外服务的时候，都有他们做的，比如跑工地，在工地上你是辅助他们做，但是做设计全系老师都可以做，这样的话力量就大了，但是我们又不耽误我们这些上课的老师教学了，他们不需要跑现场，所以这样一来就分开来，我们就有包括行政人员一共六七十人，我们就壮大了。所以通过这样以后，第一个就把经济这一关过了，到1995年为止我们在外面获得了一千多万的收入，这一千万和学校给我的五万块钱就相差太远了，然后这一千万怎么用来发展呢？

Q_ 这一千万是否对我们湖大建筑系的发展起了很大作用？

A_ 按当时的规定要交百分之二十给学校，也就是两百万，再剩下来的钱我投了将近有两百多万去改善教学条件，第一恢复必要的实验室,比如声学实验室,实际上它仪器还有，但是没有房子了，热工的实验室也没有了，我们就恢复这些实验设备。第二个是改善办公场地，我们拿了一百一十多万在原有的教学楼加建了1100平方米，因为从土木系分出来以后我们没有自己单独的办公场所，现在要成立专门一个系了，没办公场所不行，所以我就拿了一百一十多万盖了个小楼，这样就解决了我们老师行政和办公的问题。然后再花一部分钱补充资料，当时规定你要通过评估就最少要有一万册以上的资料，我们除了原来有的之外我还进行补充了。这些钱除了这些用途，还有添加一些电脑，当时我成立建筑系的时候，学校给我两台只能算算账也不能画图的电脑，当时计算机绘图才刚刚开始，在 1996 年时我申请把土木系里的计算机绘图中心合并到我们这里，这样一来我们就增加几台计算机，而且计算机绘图的老师也有了三个，然后我们花钱补充了三十台计算机，这三十台计算机进来了就可以满足一个班同时使用了。

Q_ 也就是对于未来的一种探索吧。最后请您讲讲作为湖湘的建筑师，怎样去面对未来的发展吧？

A_ 现在环境也是个问题，这个问题对人影响也很大，因为你走到哪里都是建筑，它也不会让你路，环境你走到哪里它都在那里，所以建筑文化对人的影响也是非常重要的。所以我们如果是要把文化传承下来，有些东西必须保留，让那些后看的人去做，另外要创新，那就是让向前看的人去做，所以我觉得有各种各样的事情可以去做，有很多东西可以研究的。

谭正炎 |

"50多年的建筑生涯，首先是捆了手脚，不敢乱说乱动，我们就只能低头拉车，不敢抬头看路。"

国家资深建筑师，国家标准化技术委员会委员，国家建筑技术学术委员会特邀委员，国家一级注册建筑师。湖南大学建筑学院研究生导师，教授。曾任湖南省建筑设计院副院长。曾任湖南省建筑科学研究院院长、总建筑师、总规划师，曾任湖南省土木建筑学会常务副理事长。湖南省建筑师学会名誉理事长。湖南省，长沙市评标专家库资深专家。长沙市委，市政府城乡规划委员会顾问。

Q_ 作为湖湘建筑界的资深前辈，我们想您在湖湘建筑发展史上肯定也经历过许多的故事，希望您能跟我们讲讲，您那一代建筑师的创作环境应该是很艰苦的吧？

A_ 对于我们这一代的建筑师来说是走过了很艰苦的旅程的，特别是在湖南，不开放。1950 年代我们对苏联是很崇拜，西方建筑是不准的，当时这个时候是属于迷茫时期。1959 年以后，又反对苏联化的建筑，因为我们跟苏联的关系破裂，一切援助、资料、专家都撤走了，有的项目是苏联建的，但是因为他们走了，所以我们接手建了。这个时期，是现代建筑阶段，是世界建筑的潮流，功能第一，实用、经济、美观，美观是最后的，我们建筑基本上是这样的潮流，现在建筑就是这样，四个底锅盖，四平八稳，没有立面，世界建筑，是我们国家灾难性的东西。

Q_ 信息的闭塞，很多东西都是苏联那边传过来的吧，是否会比较迷茫？

A_1950 年代，我们刚好在大学，接触到了苏联的资料，其他国外的资料都没有，是批判西方的时期，我们是很迷茫的。这个时候我刚好参加工作，1953年。在 1950—1960 年代初期，我们是很迷茫的，建筑是没有什么建树的，我们接触不到信息，世界的建筑信息、走向，我们是一点信息都没有，建筑走向何方，我们迷茫找不到出路，建筑创作在哪里，新的东西在哪里，世界建筑形式、走向怎么样，我们一点信息都没有，我们断绝了跟国外的一切资料来往。而且不仅仅是建筑，我们更加困惑。

Q_ "文革"时期有什么影响？是否当时做设计，政治优先，不太讲究科学性？

A_ 后来进入"文化大革命"时期，不讲道理，不讲科学，把建筑科学的东西当做"封资修"（封建主义、资本主义、修正主义）加以批判，把我们省院当做"封资修"加以批判，要丢掉洋拐棍，打破洋框框。《湖南日报》通篇报道了常海全写的《打破洋框框，丢掉洋拐棍》，走我们自己工人阶级的道路，这是个大标题。这个在全省、全国范围内引起了很大的影响，对我们知识分子是灾难性的。当时的中央领导说了，我国的知识分子基本都是资产阶级的，把我们比打成右派还严重。

Q_ 对你们影响很大吧？似乎建筑师在那个时期基本上是非常没有话语权的。

A_ 省院被迫离开了现在的这栋大楼，移到了湘乡水仪厂落户。知识分子被工宣队、军宣队所管教。今天找这个谈话，明天找那个谈话，我是党一手培养起来的，真正的无产阶级的学者、专家。他们说要改造，每天找我们谈话，那个时候思想是很迷惑的。常海全设计了一个阳台，本来阳台是挑起来的，但是配筋配反了，结果阳台垮掉了，我们也在报纸把他宣传了一次。袁家岭友谊商店，雨棚是悬挑的雨棚，这个雨棚开裂了，他就在雨棚前面立一排柱子，这个就导致雨棚的受力刚好相反，结果现在雨棚全部都敲掉了。证明不讲科学，不讲道理，他在长沙还算一霸，是唱对台戏的，在受力的基本原理都不懂的人，来统治我们的建筑界，是一个悲哀的事情。

Q_ 记得我们父辈那一代，应该1950年后这一批人，来湘工作的时候，就讲长沙火车站是全国第二大的火车站，是毛主席的故乡，讲毛主席经常回湖南，感觉那时候的湖南地位仅次于北京，听说谭老当年也参加了火车站的建筑设计，您能讲讲当年关于火车站的创作过程？

A_ 在"文化大革命"时期，我也参加了长沙火车站的设计，我们是60几个人，每天早请示，晚汇报，都要读毛主席语录，然后军宣队来了还要把我们这些臭老九骂一通，工宣队、军宣队的人来了都要骂我们，而且那时很苦的，我们也没有什么东西吃。但是，我们还是愿意加班加点的，是因为出于对毛主席的热爱。当时万里来搞火车站的时候，也就是借了毛主席这个牌子来搞火车站。搞火车站的时候，我们很苦，做火车站方案，我们要抬到湖南橡胶厂、湖南电器厂，这是工人阶级的队伍，需要跟他们讲方案，农民伯伯那里要看，来到军区，军队要看，还有各个司令部要看，那个是工农兵要审查，造反派也要看，火车站是全国范围的招标，提了35个方案，由省院进行修改，初步设计跟施工图。

Q_ 看来还是受政治环境的影响和束缚。长沙火车站最大的特点是建筑上方直通通的火炬，跟我们常规看到的火焰随风飘的形象有所差别，也是人们常常谈论的话题。为什么会这么做？期间有什么缘由吗？

A_ 关于火炬，我是亲自经历的，现在的车站广场的稻田里面，就用钢筋、钢丝、篾片扎了一个现在的火炬。直接向天冲的火炬，1比1的图，有7.1米高，在当时讲究政治符号代入的立面跟符号。这个火炬向东边偏，南边来的火车怎么办，向西边偏，火车从北京来，又怎么办。这个火炬从东南西北方向都不行，就只能朝向天了，就是这样的一个直通火炬，不能偏。我们的这个高度7.1米高就是党的生日，裙

房的高度都是受这些限制的，都要与党的生日，毛
主席的生日对上，对上建筑的高度与宽度、开间。

Q_ 可以说，做什么都离不开政治。谭老在那个特殊的时期，
想必做设计是非常受限制的，很难从人居环境、城市空间、
建筑学审美的角度来进行建筑作品的创作思考，更多的是面
对服从的角度进行创作？

A_ 记得当年省院接受了翻修湖南省军区大礼堂任
务，这个大礼堂当时就是80万，要开第一届全省人
民代表大会，是"文化大革命"后第一个事情。他
们一定要我们留下八一或者什么东西，我说这么一
个立面很简洁，留下八一红旗，以及五星都不妥，
就抓着我们批评。还有在韶山的时候，我们有一个
领导，就剪纸葵花，剪了十二枚，差点被打成反革
命了，十二枚是国民党党旗的。在"文化大革命"
时期，这种思想在我们知识分子之间反感是非常大
的，建筑上贴上政治的符号，是在全国比比皆是的。

Q_ 是否在那个时期对于我们的传统文化也破坏得非常之多？

A_ 在那个时期，很多东西都是做为"封资修"的东
西。传统的文化，建筑文化是我们国家的瑰宝，古
典建筑都当做封建的东西来批判，要批判留学的，"封
资修"的东西。梁思成是建筑学的泰斗，也因为一
个大屋顶，差点被搞死了，也是非常悲哀的。资产
阶级的都没有一点了，欧美国家建筑走到哪一步，
我们都不知道，我们都还蒙在鼓里，自己搞自己的。

Q_ 那您怎么评价那个时期的建筑？

A_ 1959年虽然出了一批北京十大建筑，各个省也出
了一些这方面的建筑，但是还是以现代建筑为主体，
和传统建筑相结合，并没有受别的影响。人大会堂，

历史博物馆，军事博物馆，农业展览馆，基本上还是我们传统建筑与现代建筑相结合的产品。张镈设计的还是相当不错的，现在遗留下的人大会堂还是不错的，但是也没什么"封资修"的东西，只能搞这个样子。没有跳出现代建筑与传统建筑的尺度和这个共识，还是很成功的。"文化大革命"的十年，建筑基本上是停止不前的，一直到1970年代，1973—1978年。我们的火车站是1974年投入运行的，通篇报道了工人阶级与农民阶级共同努力下，建了这么一个伟大的工程，从来没有提一句知识分子。我们60个人几年日日夜夜的工作，设计院一个字都没有提。

Q_ "文革"时期确实是大家都不愿回首的时代。在那个特殊的时期除了长沙火车站项目，您还参与了哪些影响湖南的重大项目？

A_ "文化大革命"时期还有一件大事，就是湘江一桥，湘江要建大桥，全市人民都欢欣鼓舞，原来都是轮渡，都是很苦的，建筑是花了700多万，桥的结构是交通院设计的，桥面是我们省院完成的，在我们指挥部，我们大桥是全市人民挑土，只用了700百万，向毛主席献忠心，这样做还怕排不上队。

Q_ 那您有没有受到过政治干扰？

A_ 当时我们一个方案是从架桥，一直通到五一路来，太平街，藩城堤巷那几个街道，就在我们这个跨线桥的下面，但是我们军宣队领导提出来，全世界哪里有在马路上建桥的，这是不讲科学的。为什么现在在桥面这么窄，原本是要求平行开六辆车，我们要考虑来往的六车道的宽度，领导就把六辆车的模

356

型摆在模型上，觉得这样就够了，就这么宽。高速错车，需要有间距，但是领导不听，就是现在的宽度，导致重新建一座不行，桥面加宽也不行。原来我们设计的有人行道、天桥，比现在要宽一倍半，但是行不通。"文化大革命"这样的例子，说明是不讲科学，不讲道理，不尊重知识分子。

Q_ 改革开放后，我们国家的面貌就开始发生巨大变化了，是否在建筑上也是这样？

A_1980 年代开始，我们国家后现代建筑就慢慢出现了，跟世界交流也越来越多，有青年的建筑师提出了后现代建筑，四方形的建筑少了，三角形、圆形、四方组合的建筑越来越多。我们省院在深圳、珠海有项目，后来我去了上海分院当院长，我们这些带到上海，我们做的方案，都感到很新奇。当时上海还没有我们这些一线的建筑师，我们在深圳、珠海接触的西方的东西，慢慢的就融合进来了。1980 年代是中西文化交融的时期，因为我们资料进来了，交流也越来越多，是我们湖南后现代建筑有所发展的时期。1990 年代，改革开放的春风袭来，这个时候我们的头脑还算清醒一点，没有那么迷茫了，从不讲科学不讲道理，到讲科学讲道理，我们清醒地看到了世界发展。1990 年代是晚期现代建筑，慢慢都起来了。比如贺龙体育馆、北京机场等。

Q_ 您是否会感觉到创作环境的巨大差异？您是如何面对的？

A_1980 年代手脚放宽了以后，还是有所作为的，慢慢的也敢创作一些东西。1990 年代到现在，建筑发展是很顺利的。我在各地的设计院当院长，管理建筑协会。到了现在，你们就幸福了，不仅晚期结构能低头拉车，不敢抬头看路，我还好在"文化大革命"的 10 年，我拼命的搞设计，绘图，使我的技艺都得到了提升。

Q_ 记得 1990 年代初时候全湖南来讲是中山商业大厦，是湖南的超高层建筑，估计那时候很多规范还没有出来，应该是有一定的挑战，想请问谭老是否能跟我们讲述一下？

A_ 在省院来说，我绘图的质量、速度都是首屈一指的，而且原来我们设计师是没有报酬的。1980 年代我设计了中山商业大厦，是湖南的第一栋超高层，大筒体加上悬挑，当时的环境是全国一流。然后，我也参与设计了国贸，180 米在国内是没有过的，当时都没有防火规范以及其他的规范。

Q_ 您在传道授业的过程中，是如何来影响这些后辈的？

A_ 我的家庭没有学建筑的，但是我的学生有相当一部分都是很出色的建筑师，我在给他们评方案时，是引导、鼓励他们，绝不会打压他们，这么多年，我是学会了做人，我的晚辈们，我很尊重他们的创作、他们的思维，我会帮助他们做好。80 岁了，还能做几年，我自己知识面是很丰富的。在新化，是蚩尤的故里，河北也说有蚩尤的故里。有人就要我给蚩尤定一个型，蚩尤是战神。我就去华东师大访问他们蚩尤的资料，然后回来做了一个蚩尤方案，现在新化做了一个蚩尤的大观园就是按照我的设计思路来的，我们还搞了一个蚩尤的大殿。我访问了国外的华人，在他们中间奉炎帝、黄帝、蚩尤为三圣。我们设计了 5 米 1 的蚩尤的铜像，我团结了美术家、雕塑家签名都写了蚩尤就是这个样子。大家认为我是全才，我其实是在参与各项任务中学习，才充实了自己。我也在网上搜索，看世界建筑的潮流，国家建筑的思潮。

Q_ 我们知道，这些年咱们湖湘建筑界也涌现了很多优秀的青年建筑师，最后请您谈谈您作为广受尊敬的建筑界老前辈是如何处理跟他们之间的关系的？

A_ 在年轻建筑师里面，杨瑛、魏春雨、曾益海都是相当不错的，我要去评他们的标，技不高一筹是不行的，我不能拿着他们的方案乱评，要能讲出道理来。他们青年建筑师很尊重我，我也很尊重他们。他们这些人都是我力荐的，我看他们都已经成长起来了，接了我的班。对年轻的一代，我们老的一代要自学，要自己尊重自己，要尊重年轻一代，作品、为人。我谈了这 53 年的想法，首先我要接了上一辈的班，然后传承给下一代，不能停笔，思想不能停，不能停评标，我敢说真话，老专家都要有这样的责任。

毛姚增 |

"我一生做了四年规划、管理，十年施工，九年结构设计，余下的时间才是建筑，设计时间也不长。"

长沙有色冶金设计院副总工程师，主要从事：建筑设计、建筑规划、建筑节能方面的研究工作，曾主持完成多项建筑规划、施工设计、节能设计工作。

Q_ 毛老，您好！很高兴能访谈到您。您是上海人，很早从同济大学毕业。同济大学是建筑学的名校。作为当时同济大学的毕业生，您是怎么来到湖南长沙，您来到长沙第一印象是什么样的？请您跟我们来回忆一下。

A_ 我是从 1957 年从同济大学建筑学专业毕业分配到了湖南，那时候我被分配到基本建设局，我爱人是分配到了有色院，1971 年我调到有色院。当时基本建设局就在识字岭，就是原芙蓉路与人民路东北角，现在有个高层原来是个多层，对面是识字岭就是杨开慧就义的位置。我来的时候整个长沙还是比较小，一出火车站，就是唯一的五一大道，大道两侧灯光一照夜景还显得漂亮。我晚上到的没法直接去单位报到，我就叫了一部人力车，送我到了小旅馆。第二天一早起来原来对面就是火车站。火车站正对着五一大道，我们就住在五一大道边上，这才发现人力车就拉着我们围着车站前后兜了一大圈，长沙就那么大小。白天到外面一走，才知道长沙这个城市各方面都非常落后，没有看到什么像样的建筑。现在的韶山路和解放路等均为泥土地面。过湘江均为船只摆渡，有色设计院对面均为单层的棚户小商铺，就是那么简陋。城市交通也非常落后，公共汽车只有三条线路，每条线只有 2、3 辆公共汽车，所以等公共汽车有时要半个小时以上。

Q_ 您当时在基本建设局是做哪方面的工作？当时工作情况怎么样？

A_1957 年我在基本建设局规划处，第一份工作就是处长分配我搞一个株洲田心小区的规划设计方案。我用了一个星期的时间完成了小区规划的初步方案。

交给处长以后才知道原来我们处的副科长之前在做这个小区的规划，做了一年小区规划还未做好，这就无意中使这位副科长对我有意见了。另外，当时长沙要建设火车站（即现在的火车东站），我根据投标书的要求，用了四天四夜（睡得比较少）的时间做了一个方案。当时省设计院也做了方案，我的方案当时被领导认可，后因苏联撤退在华专家，无援助资金而作罢，火车东站未能建成。

Q_ 这件事情后来对您有影响吗？

A_1958年我母亲病重，父亲要我回家（上海），我正出差在常德。处长同意我回家，回家才知道母亲已去世。我在家是老大，下面有五个弟妹，父亲要求我留在上海工作。正在此时，我的副科长出差青岛，路经上海，我请他到家里来了解一下家里困难情况。建设局组织上开始还是同意我调回上海，后来过了两个月就不同意了，要我回长沙商量。我回建设局后，当时就发动大家贴我的大字报。从宿舍贴至办公楼，说我欺骗组织，无组织无纪律，母亲没有死等。有的还说我是反党，当时我很痛心。我要求组织上发电报到上海派出所、公安局了解事实，过一段时间后此事就不了了之了。1961年我才知道，当时这位副科长，从青岛回长沙向上面汇报说我母亲没有死。1961年把我调到省建四公司（施工单位），从事工人、工长到技术主管工作。在施工单位工作了十年，到1971年才调至有色院工作。

Q_ 那您当时是怎么从施工单位调到有色院来的？又如何逐渐转到建筑设计的工作上？

A_1971年的时候，林彪要在洞口搞地下兵工厂，单位要调我过去。我跟军队代表讲，我说我的爱人在有色院，我的两个女儿都很小，一个三岁一个五岁，能不能不去。军队代表还是比较好的。他说按照部队的规矩，要调一起调去工程地。后来六公司的组织部就到有色院来联系，有色院不同意我爱人调到六公司，提出要我调到有色院。当时六公司组织部一位干部帮了忙，同意我调到有色院。我拿到调令以后，赶快去市组织部换调令。调令刚拿到手，六公司的总经理出差回公司，他不同意我调到有色院，要我留下。但当时手续都已办好，无法挽回，我就在 1971 年进入有色院工作，在有色院才真正做了设计工作。当时领导说我是从施工单位调来的，就分配我做结构设计，一共做了九年的结构设计。1975年长沙火车站又进行了设计投标，我院投了三个标。我的方案的进站流线与省设计院和湖南大学的方案流线一致，最后施工图由省设计院完成。在我画方案期间，有色院土建室领导看到我方案以后说："毛工，你的方案图画得不错啊"。我说我本来就是学建筑的，你们要我搞结构，我也没有办法。等我把手上结构工作告一段落。到 1979 年，单位才让我转到建筑设计上来。

Q_1980 年代您开始做建筑设计，主要是做什么类型的建筑？

A_ 我一生做了十年施工，四年规划、管理，九年结构设计，余下的时间才是建筑，设计时间也不长。1980 年以前，省政府的项目均由省设计院设计。1981 年省政府在韭菜园要建高层住宅。这是湖南第一栋高层住宅。省设计院当时人少，力量弱一些，做了几个方案，省政府都不满意。后来省政府基建处处长要我参加做了方案，方案送上去领导同意了。方案给省设计院做施工图，但经 8 个月的计算，还未算下来，后又交给我院设计。我设计了一梯六户，独门独户，每户两间向南，通风、采光、日照都非常好，住户满意。建成以后很多单位来参观，为湖南省作出了高层住宅建筑的第一个样板，对推动全省建高层住宅起到了积极作用，也为长沙市增添了时代气息。我把设计构思成文"我省首批高层住宅设计介绍"刊登于《湖南土建学报》1985 年第一期。在韭菜园一共建了两栋 15 层，一栋 20 层的高层住宅。由于我们设计的住宅，户型好，住户满意，又得到省领导的一致表扬，过了多年后，省政府在红旗区梓园路又委托我设计两栋 18 层的高层住宅。我们有色院是湖南省第一家设计高层住宅的设计单位。

Q_ 后来您又接连做了哪些长沙高层建筑的设计？

A_ 因为有一个省政府秘书长觉得我们院设计得很好，以后只要是他经手的项目就都交给我们院来设计。如省委的会议楼、多层住宅以及军区等政府项目。1985 年初省军区要建二招待所（就是现在的华天大酒店）委托我们院设计。我和我爱人一起从方案设计到完成施工图共用了 8 个月，领导非常满意。1988 年竣工，建筑形象矫健秀丽，从体形光影、色彩等各个角度加以丰富和完美，体现了时代气息和气质，为长沙市体现现代化城市建设起到了一定作用。开业两年多接待了 80 多个国家的友好人士以及大量国内宾客，酒店的设计得到一致好评。华天大酒店是湖南省第一个五星级酒店，1991 年被评为湖南省优秀工程设计一等奖，且评为长沙市十佳建筑之一。1990年我参加"湖南省人民银行综合楼"的建筑方案投标，在提交的十一个方案中一举中标。综合楼位于蔡锷路，共22层。方案在功能上满足了现代银行现金管理手段的各种要求，立面造型突出了人民银行的个性。主楼采用竖向条形凸窗与上部镜面玻璃以台阶形相接，象征银行蒸蒸日上的视觉效果。裙房作为基座，显得粗犷稳重。1993年建筑竣工，整座建筑以庄重的气质屹立于长沙市中心，为蔡锷路这条老街焕发出时代的活力。1998年，这个建筑被评为湖南省优秀工程设计三等奖。

Q_1990年代以后，您还做了哪些高层建筑？

A_1993年，那位秘书长退休，他在中国银行湖南省分行当顾问，1994年他把中国银行金融中心——湖南国际金融大厦交给我做设计，位置在八一桥一侧。

湖南国际金融大厦，是一座大型的超高层建筑，共46层，是集金融、办公、酒店、餐饮、娱乐、健身等多功能于一体的综合性建筑。无论从体量、建筑高度、建筑面积等来说，当时均为湖南省之首，也是长沙市标志性建筑之一。方形主体以两侧裙房为基座，形体稳重、厚实，坚如磐石，体现了金融建筑的特性。整体造型气派大方，尤其大厦顶部四座塔形和柱廊的形象，形成了丰富的天际轮廓，塑造了全新的城市景观。大楼顶部设置了直升机停机坪，显示了中国银行在国际金融界的经济实力，增强了人们对中国银行的信赖。湖南国际金融大厦是湖南省第一座超高层建筑，在结构上采用了省内首创的水泥玻璃纤维薄壁空心混凝土楼板，节省层高，室内空间完整，获得了省科技进步奖。2002年，被评为长沙十佳建筑之一，且获得了中国有色金属协会工程设计创新一等奖。另外，1991年我参加了"省新闻出版局编辑大楼"的建筑方案投标，当时共5个方案，我们中标了。这个大楼位于芙蓉区的营盘路转角。方案主楼采用了正八角形平面，解决了建设方多年来未能得到解决而拖延至今的问题。主要问题在于兴建大楼的基地位于两栋已建成的高层住宅的南向，仅距离13米。我们的方案采用点式建筑，并采用切角手法来解决对后面高层住宅的影响。通过日照计算，保证了已建两栋高层住宅的日照要求，方案突破了特定环境下的制约条件，得到了一致赞赏。立面造型原意想塑造一支笔的形态，因为是编辑大楼，所以顶部设计成尖顶，象征一支笔头。遗憾的是未做模型，笔头太矮小，近看不明显，只能远看。由于要解决后面高层住宅的日照，主楼每层面积为600多平方米，评优秀设计时，专家说不经济，每层面积要1000到2000平方米。所以没有评上，说实在的面积加大了，方案就通不过了。1993年长沙卷烟厂当时要建设厂部办公楼，由华天集团公司委托我院设计，位于烟厂大门北侧，东临劳动路，是一座具有现代化程度较高的智能办公建筑。这个办公楼地上29层，我和我爱人从方案到施工图一起完成。由于地形制约，采用方形平面，主入口成45度切角处理，形成主入口前广场，取得整体环境效益。正方形的主楼，从各个方向均有完美的视觉效果，体形高耸、挺拔、色彩融合、平稳、宁静，体现了办公楼的个性。顶部的钢筋混凝土斜构架中间以不锈钢网架塔作装饰，手法别致，时代感强，为长沙市增添一景。2002年被评为省优秀工程设计二等奖。2003年，我们有色院要在韶山路、人民路的住宅区建一栋高层住宅，来解决人员发展的需要，要拆除韶山路和人民路转角处的四栋多层住宅，改为高层住宅。但长沙市的规划要求，在转角处要留出一个绿化广场。划出绿化广场以后，剩下一块狭长的基地，高层住宅能使用的南向宽度仅为30多米，东西向长度41米左右。当时有色院委托我做了一个34层的住宅方案，每层六户，每户均要满足日照要求，平面布局非常困难。我采用了两户一排，共三排。每排扩宽一些，使每户均有南向房间，满足了住宅各方面的要求。2006年竣工，住户都非常满意。沿韶山路一层为西立面，有41米左右长，因平面排成三排，东西立面均形成两个凹口。这使立面造型显得丰富多变，底部以绿化广场衬托，使高层住宅在韶山路一侧的形象更有生气。另外1994年我设计了五里牌"紫东阁华天大酒店"（由于甲方自行加了一层，建筑高度超出100米）。1992年在韶山路解放路口设计了华侨大厦。1998年在车站路我设计了宝庆金都高层住宅小区等工程，当时未报奖项，就不介绍了。

Q_ 您认为老有色院这个区域不适合做医疗城？

A_ 作为一座医疗城，首先外部环境非常重要，交通要畅通、便捷，这是一个主要因素。根据附二医院目前基地状况，即使有色院的地给附二医院买下，它面临的道路是解放西路，南向紧临人民路。医院基地前后两条路都是较窄的交通道。这两条路又紧连着韶山路，汽车来往较多。医院东面临韶山路，更是经常堵车，西临小巷子。医院周围无畅通的出入通道，救护车和病人车辆都不能等待的。从外部条件来分析，在这个区域建医疗城是不合适的。我的看法是，医疗城应在市郊区附近，选一处有合适外部条件的基地来规划医疗城。

Q_ 那您是否参与了中铝科技大厦的设计工作？

A_ 现在我们建的这个楼（中铝科技大厦）三万多平方米投资了近5个亿。当时室内的装修方案院长都让我提提意见，当时装修都是黑颜色的，铝合金吊顶墙面都是暗颜色的。我提了一下意见，我说您听听我的意见，我的意见不太好，大堂应该明亮的愉快的心情舒畅的，你这里这么黑好像进了灵堂，院领导都觉得我的意见很好，后来他们就把这个方案全部改掉了。暗的环境给人心情感觉不好，让人感觉不适。一般我们人的心情应该愉悦轻快明亮的。

Q_ 请您谈一谈最近在做什么工作？

A_ 最近几年我已经不做方案了，我退休后留任到75岁，留任15年。今年我已经81岁了，75岁我主要是在施工图审图公司做审图的工作。每栋建筑在施工前均要通过施工图审查（包括节能设计），审查图纸上规范性错误，有问题均要挑出来，返回原设计单位，进行修改。修改后，我还要进行核对，无问题后才能签字盖章。有些设计人在施工图出图前，先来咨询，也有的要你帮助完善方案，每天工作还是比较忙的。我们自己设计院的老同志，在设计时碰到一些问题，有时候也会要来咨询。

荐言

黄元炤

中国现代建筑
历史研究学者，
传播者，专栏作
家，ADA研究中
心中国现代建
筑历史研究所
主持人

访谈，能为广大群众提供了一份有价值、有阅读性的文本；访谈，可以在言谈纷呈、精彩迭出的片刻，留下随兴、坦然并散发着浓郁思考的文字，让人读之动容与深刻；访谈，可以回忆和留存，又可以反思和前进，更可以让受访者表达立场的重新审视他们自己，或者借你口中言，传我心腹事，解疙瘩……不管咋样，访谈，是一件有意义的事儿，而一本访谈录的出版，更是一件值得庆贺的事情！

作者，在两周前给了我这本《论湖湘建筑的思与辩/湖湘当代建筑师：二十四人侧访》的样稿，让我写几句推荐语，当下，我诚惶诚恐，实在不敢当，小弟不才也不敢给个啥推荐，就怕推荐了不好或不到位而影响了销量（笑）。

好吧，但我还是答应写了，站在支持以访谈形式作为学术活动交流与思辨的立场上，这是一方面，另一方面则是鄙人也曾在多年前出过一本访谈录，充分理解在进行访谈过程中的辛苦与付出，那是因为，一个好的访谈，需要事前的研究和准备工作，而一本好的访谈录，需要访谈者和受访者在访谈过后不断地就文字和内容上的推敲和精炼、整理和选择，编撰成册，这样的过程，建立在一种对建筑执着与追求的使命感上，我真切地能感受到……

因此，我理应支持访谈，抛引线。作为常年在北京从事建筑历史研究工作的我，利用一些空余时间，拜读并学习了这本《论湖湘建筑的思与辩/湖湘当代建筑师：二十四人侧访》的访谈，书中选取了24位湖湘建筑师与学者，里头有我认识的，也有不认识的，有我熟悉的，也有我陌生的，他们正值壮年、青年，在创作、研究和教育方面逐步地成就他们自己的事业，是中国当代建筑界在湖南一带具有代表性的一股中坚力量，各具特色，各领风骚，壁垒分明也相互尊重，既个体实践，又群体呈现在这本书上……我就不多说了，各位读者必须细读才能品味在相晤与交流中的个中异同的奥妙所在，读懂他们的思想、意识、内容与文法，看懂背后所隐藏着一段历史、一个社会，以及多种生活与形态的故事。

我开放的认为，对于想认识和了解湖南一带的建筑创作、研究和教育发展的人，我十分推荐这一本书，希望能赢得你们（读者）的喜爱与好评。

黄元炤（北京建筑大学ADA研究中心）

2017年4月笔于未名湖畔

致谢|

湖湘大地，因其历史上地域、地理、社会环境等诸多因素造就出了湖湘文化，它的内涵和精髓本质上来说是思辨的精神。湖湘建筑在当代，尤其是改革开放以后，遇到各种思潮与理论时，这种思辨反映得更加强烈，这也是书名的立意所在。《论湖湘建筑的思与辩——湖湘当代建筑家：二十四人侧访》试图从二十四位湖南当代优秀建筑师的角度来还原、呈现出湖湘建筑与外来文化的交流与融合以及当代湖湘建筑的鲜明时代特征。

本书的访谈文稿与图片，包含了三位作者过去几年中在《中外建筑》"凡益访谈录"专栏所做的访谈文章，同时也加入了"凡益工作室"所采访的视频访谈内容。当代湖湘建筑的发展是几代湖湘建筑人在各自阵线上默默奉献，由于篇幅、时间所限，本书只能精选收录了24位湖湘当代建筑师代表。非常感谢这些建筑家及其团队对本书的支持和帮助，谢谢他们百忙之中进行访谈，分享很多设计理念、故事和回忆，以及为本书的撰写与顺利出版提供了很多珍贵的资料。同时，感谢清华大学《住区》杂志社的朋友戴静、王韬、王若溪、陈芳、丁夏，以及《中外建筑》杂志熊洋、屈湘玲、陈忆军编辑，对本书出版的大力支持。感谢涂宇浩提供的摄影图片，也感谢马建成、贺丽菱、杨振航、陈克志的支持。除此以外，还要特别向对当代湖湘建筑发展做出过贡献的前辈致谢。

这些建筑家与前辈们并没有淹没在"设计湘军"、"湖南设计"这样一些响亮的名词中，他们是真实、鲜明的建筑家代表，正是他们兢兢业业、不屈不挠的精神，构筑了今天的湖湘建筑。本书出版的初衷，一方面是对当代湖湘建筑家奋斗精神的继承，另一方面也是激励新一代的湖湘青年建筑师。湘人前赴后继的拼搏精神也将在湖湘建筑中永远的延续下去！

王蔚

2017 年 7 月笔于岳麓山下

读经典

作者 _魏春雨
出版社 _中国建筑工业出版社
出版年 _2005

湖湘建筑师摇篮

《营造》一书，充分介绍了湖南大学建筑学科的发展历程，自 1929年刘敦桢先生开创湖大建筑学科以来、经由柳士英先生，发展壮大成为如今建筑学院的历史进程；同时在面对新的时代发展和建筑教育中出现的新课题，湖大建筑系进行了一系列教学探索，在不同年级成立专门的教学组，开展新颖、针对性的教学活动；湖大建筑系不论是在科研还是实践环节都取得了丰硕的成果，本书用较大篇幅介绍了湖南大学建筑系在理论研究、应用研究等方面的研究课题和论文，同时在创作实践环节中，详细介绍了系内有代表意义的建成作品和最新创作的概念设计。

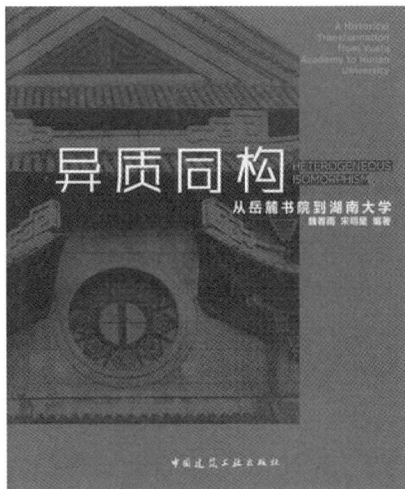

作者 _魏春雨

出版社 _中国建筑工业出版社

出版年 _2013

湖湘建筑师摇篮

《异质同构 :从岳麓书院到湖南大学》以"异质同构"的建筑理论为指导，介绍了湖南大学校园以岳麓书院为原型，经过不同历史时期长期不断地进行校园建设，逐步形成了目前校园形态。第一部分简介了异质同构建筑理论的基本概念。第二部分图文并茂地重点描述了湖南大学校园内的建筑。第三部分介绍了"异质同构"的校园建筑设计手法，地域性的形式类型可以进行有机转换；可以用片断或局部（如地域材料）来诠释地域性，无需背负全部地域符号和文脉；复合化的界面利于调和校园新旧建筑的差异，是一种与环境共生的方法；复合空间与界面为融合地域文化、调节生态小气候提供了可能。

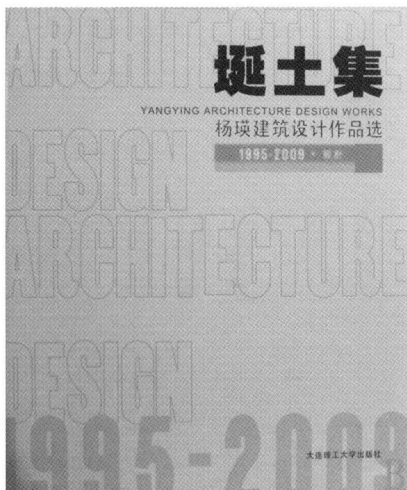

作者 _杨瑛

出版社 _ 大连理工大学出版社

出版年 _2009

湖湘建筑师实践

这套集子取名《埏土集》，意欲有三：其一，埏者，揉也，和也。可拆可合，可方可圆，可长可短。以示建筑形态的多样性与建筑创作风格的多元化。其二，和土以为器，以示建筑即为空间而造，为空间而生。其三，埏土即反复搓揉泥土的过程，以示建筑创造是不断诠释、不断修正的反思性整体创造过程。

本集子分为两册，编辑的是作者自 1995年以来十三年多的主要建筑设计成果，都是具体的工程设计实践，涉及面较多，内容和形式风格较丰富，皆因设计情境所致。

城市设计研究

《城市形态活力论》是蒋涤非围绕城市形态的活力特征，提出了开放性的理论构架。这种理论将城市看作生命体并对其生命力的"市井"基础展开分析，提出了城市设计在经济活力、社会活力、文化活力等不同维度上交混原则、公共生活原则、自组织原则的营造策略。本书关注于当代城市形态本身，的归纳出"双尺度"城市十项营造城市活力的设计手法。《城惑》则以一种更宏观的视角来考察城市，提出对当代城市三维（唯物质化、唯功能化、唯视觉化）之"惑"。这本著作以散文、杂文的形式表达了城市形态特征、空间结构的"自在图景"，以期唤起我们对城市研究方法的人文思辨精神。《城辨》将思辨上升到"泛文化"视角，超越了城市规划与建筑学学科。一方面，它记录了对当代城市进行时态的思考；另一方面，也显现了当代学人不断探索未来中国城市前景的。《城市形态活力论》、《城惑》、《城辨》提供了全方位的城市体验感知方式，呈现出当代学人对未来城市探索的使命与责任。

湖湘民族建筑研究

柳肃主编、参编出版有学术专著 10余部，分别为介绍中国古建筑、湖湘古建筑丛书，在概述湖南古建筑情况的基础上，分门别类地介绍了湖南的城镇与城防建筑、宗教建筑、文教建筑、风景园林建筑、祠庙建筑、会馆、村落、民居、塔、牌坊、桥、墓葬这十一类古建筑的平面布局、造型风格、结构材料的技术因素和装饰艺术的特点等方面。全面，更具有典型性和代表性。

FROM SKETCH TO DESIGN

从速写到设计

—— 建筑师图解思考的学习与实践

卢健松 姜敏 著

中国建筑工业出版社

作者 _卢健松，姜敏

出版社 _中国建筑工业出版社

出版年 _2009

湖湘建筑师手绘

《从速写到设计》是一本关于建筑设计方法与表现方法的图书。结合作者建筑教学与实际工程的经验，重点阐释了建筑师如何提高手绘能力，观察能力，如何通过手绘方法收集素材，增长知识；如何借助手绘技巧在实际工作中辅助思维，提高效率。本书观点独特、论述翔实，包含插图420余幅，图文并茂，内容丰富。适合建筑专业设计人员、建筑及相关专业学生以及建筑爱好者阅读。

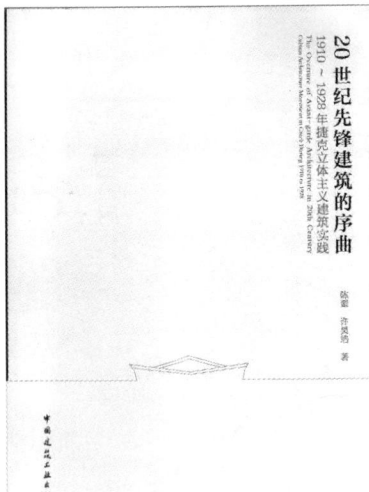

作者 _陈翚

出版社 _中国建筑工业出版社

出版年 _2016

湖湘交流成果

立体主义艺术对于建筑发展的影响，除了"时—空"观念的引入以外，更主要的是表现在建筑形式的更新上——形态的切割、空间的模糊性与透明性以及多重刻画的手法等，当然这种影响也是经历了一个过程而逐渐展开的。捷克的一群建筑师受到立体主义艺术影响，在 1910年至 1928年间设计并建成 了一批极具特色的立体主义建筑，在建筑历史中留下了浓墨重彩的一笔。

本书从历史的视角对捷克范围内现存的立体主义建筑进行系统的梳理，分析其产生、发展以及消亡的历史过程，并对它的贡献与局限性作出批判性的评价，这也使其有别于其他的现当代理论研究，同时本书作者实地拍摄了大量精美的建筑影像并重新绘制了部分图纸，成为全球范围内研究立体主义建筑不可或缺的参考文献。

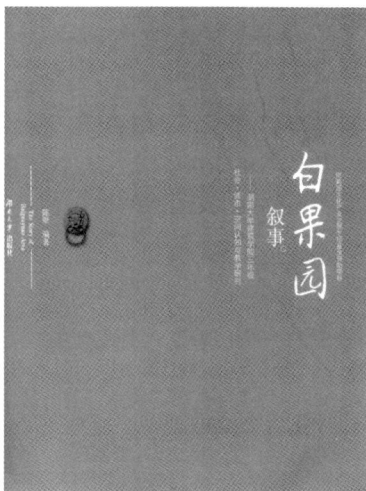

作者 _陈翚
出版社 _湖南大学出版社
出版年 _2016

湖湘教育成果

《白果园叙事——湖南大学建筑学院三年级社会城市空间认知与教学研究》记录了 2014年湖南大学建筑学院在三年级的建筑设计课程中对"白果园叙事"主题所进行的研究及完整的课程设计实况。其图文并茂，生动而立体地反映出鲜活的课堂前景，详细记录了整个课程的教学思想、教学成果等。

主题 _空间·文化·遗产

出版社 _清华大学《住区》
　　　　杂志

出版年 _2014/10 总第 61 期

消失的湖湘建筑解读

社会空间是由人的活动创造出来的，因此空间是一个文化现象。文化以差异性为基础，但不仅是地理区位环境之间的差异，而且有时间上的差异性。时间上的差异，表达了传承。

本期《住区》聚焦于我们身边的、作为文化产物的空间，以及其中的时间维度。第一类空间是过去某个时代的标志，虽然历史的一页已经翻过去，已经没有了其当年的语境和社群，但是作为一种文化遗产，仍需要我们加以保护和传递。第二类空间是现代文明与传统生活方式碰撞下的聚落，正处于新旧交替的变化之中，生活方式日渐式微，与其相对应的空间也在衰败之中，对于此类现象，空间和文化保护需要同时进行。第三类空间是我们正在急剧变化中的城市，是现在进行时的城市文化所存其中的容器，也是这个时代留给未来的遗产，我们在如何塑造它？该如何塑造它？

作者 _王蔚、高青、易锦田等

出版社 _同济大学出版社

出版年 _2017

城市绘本

该书通过借助建筑师的工具来表达这个时代的历史街区场景，为城市的文化做些力所能及的事情。绘本通俗易懂，它的表现形式能更好地被大众所接受，当然这除了绘本作品的属性外，其背后是该书对城市的观察与思考，通过新颖的表达融入大众的生活。该书通过太平街上的生活，提取出街巷上的场景与故事，让街区的文化注入这条老街，以释放出它当今的时代印记，该书不再是单纯的记录而更多的是整理、提炼与加工，烘托出这个伟大城市的细腻与舒缓、新潮与亲切。绘本的表达方式将生活再次演绎，去打破大众对"固化标准"的理解。

图书在版编目（ＣＩＰ）数据

论湖湘建筑的思与辩 / 湖湘当代建筑师：二十四人
侧访 / 王蔚，高青，欧雄全著 . -- 北京：中国建筑工
业出版社，2018.10
ISBN 978-7-112-22580-4

I. ①论… II. ①王… ②高… ③欧… III. ①建筑师
- 访问记 - 中国 - 现代 - 现代 IV. ① K826.16

中国版本图书馆 CIP 数据核字（2018）第 197370 号

责任编辑：边 琨 李 东 戴 静
书籍设计：易锦田
责任校对：姜小莲

论湖湘建筑的思与辩 / 湖湘当代建筑师：二十四人侧访
王蔚 高青 欧雄全 著
*
中国建筑工业出版社出版、发行（北京海淀三里河路 9 号）
各地新华书店、建筑书店经销
天津翔远印刷有限公司印刷
*
开本：787×1092 毫米 1/32 印张：12 ⅛ 字数：281 千字
2019 年 1 月第一版 2019 年 1 月第一次印刷
定价：59.00 元
ISBN 978-7-112-22580-4
（32669）